T0299106

بسم الله الرحمن الرحيم

شعر ابن الجوزي
دراسة اسلوبية

رقم الإيداع لدى المكتبة الوطنية (2010/5/1426)

811.09
الجبوري، سامي شهاب أحمد

شعر ابن الجوزي / سامي شهاب احمد الجبوري عمان: دار غيداء للنشر والتوزيع، 2010

( ) ص

ر.أ: (2010/5/1426).

الواصفات:/ الشعر العربي// النقد الادبي// التحليلي الادبي/

❖ تم إعداد بيانات الفهرسة والتصنيف الأولية من قبل دائرة المكتبة الوطنية

ISBN 978-9957-480-71-4

دار غيداء للنشر والتوزيع

تلاع العلي - شارع الملكة رانيا العبدالله   مجمع العساف التجاري - الطابق الأول
تلفاكس : 5353402 6 962+   خلـــوي : 95667143 7 962+
ص.ب: 520946 عمان 11152 الاردن   E-mail: darghidaa@gmail.com

شعــر ابـن الجـــوزي
دراسة اسلوبية

تأليف

سامي شهاب احمد الجبوري

الطبعة الأولى

٢٠١١م – ١٤٣١هـ

الإهداء

الى التي غرستني في رمال العلم ...

أمــــــي

الى الذي اجهد نفسه من اجلي ...

أبــــــي

الى الذين أمطروني بفيض المساعدة ...

اخوتــــي

اهدي هذا الجهد المتواضع

سامي

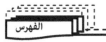
الفهرس

الفصل الثالث

المستوى الصوتي

المقـــــدمة

الحمد لله والصلاة والسلام على اشرف الخلق و المرسلين محمد الصادق الامين وعلى آل بيتـه الطيبـين الطـاهرين، وصحبه اجمعين، وبعد.

لم يعرف ابن الجوزي في عالم الادب العربي شاعرا بارزا له حظوته بين الشعراء على الـرغم مـما في شعـره مـن سـمات فنية ثرة، ومعان مكتنزة جمة تدخله في دائرة التميز وتفتح له المجال في زحام الشعراء لياخذ مكانه، وانما عرف مؤرخا بارعـا وواعظا مجيدا ذاع صيته ولمع نجمه في سماء تراثنا العربي.

واستنادا الى هذه الميزة التي شغلتنا، وايمانا منا ورغبتنا الصادقة والجادة في احياء تراثنا العربي، بازاحـة سـتار الخفيـة عن الشعر المغمور في طيات النسيان أو المجهول، وقع اختيارنا على شعر ابن الجوزي، محاولين ابراز سماته وخصائصه الفنية، ومنطلقين في تعاملنا مع شعره انطلاقة اسلوبية، لانها تتفرد بالنصوص الشعرية لاستجلاء معالمها وخباياهـا الفنيـة ووضـعها على طاولة المعلوم المكشوف.

تكونت دراستنا في هذه الرسالة من تمهيد وثلاثة فصول، فضلا عن المقدمة والخاتمة وهي على النحو الاتي:-

١.التمهيد: قام على عرض سريع ومكثف لسـيرة الشـاعر مـن مختلـف جوانبهـا: الاسـم والنسـب والـولادة وشيوخه وتلاميذه ومجالسه واثاره ومحنته ووفاته.

٢.الفصل الاول: كشف لنا المستوى الدلالي عن ايحائية الدوال في مبحثين:

- المبحث الاول: الانزياح الشعري. حيث اختص بـالوقوف عـلى الفـرادة الشـعرية التـي تعكس صـورة المـألوف الحقيقي، وذلك عبر قسمين اساسين: هما الصورة الاستعارية التي مثلت خرقا لارضية الواقع المتعـارف عليـه على

وفق ثنائية التجسيد والتشخيص الموجودة في جسد الاستعارة المكنية، والثنائيات الضدية التي شكلت هي الاخرى واقعا معاكسا لمألوف العادة، وذلك باقتران شيئين متباعدين كل البعد في جسد جملة واحدة، ولكن على الرغم من التنافر في القسمين وتشكليهما انزياحا، واشجا غير المألوف في صيغتهما عبر تخطيهما المدلول الاول تعريجا الى المدلول الثاني الذي يقبع في البنية العميقة.

- المبحث الثاني: جاء هذا المبحث على قسمين: الاول: تكرار المعاني حيث اختص الكشف عن الدوال المأساوية الايحائية التي شكلت مؤشرا بارزا في شعر الشاعر، وحملت توقيعه صالحة كشفت عن مشاعر الشاعر المكتنزة والمجروحة لعمق معاناته جراء بعده عن اهله واصدقائه. وكان ذلك في نوعين مادي ومعنوي. بينما جاء القسم الثاني في تعيين دلالة الانساق الضمائرية المتكسرة ومدى تسويغ مجيئها بشكلها هذا، وذلك عبر نوعين ايضا احدهما تبادل خارجي (الالتفات) والاخر تبادل داخلي (التجريد).

٣.الفصل الثاني: عني هذا الفصل الخاص بالمستوى التركيبي بالوقوف على المهيمنات الاسلوبية التركيبية التي شكلت حضورا فاعلا على مساحات النصوص، بشكل لافت للنظر وجاء ذلك في مبحثين:-

- المبحث الاول: اختص بأساليب اطلب المهيمنة، وهي النداء بنوعيه العاقل وغير العاقل، والامر المتصل بالوصل (الواو) الدال على الاستمرارية في عرض التجربة من دون انقطاع. والاستفهام الذي خرج

عن حيدة السياق الاخباري حيدة الطلب (طلب الاجابة) الى المعاتبة واللوم.

- المبحث الثاني: جاء حاملا لعنوان اساليب اخرى حيث ارفق بين طياته ثلاثة من المهيمنات الاسلوبية اولها الجمل الفعلية والاسمية ذات المحور الثابت. أي الجملة الرئيسة الثابتة ودوران المتحركة عليها خدمة للدلالة. وجاءت في اربعة انواع (فعلية فعلية – اسمية اسمية – فعلية اسمية – اسمية فعلية) وثانيها ورود السياق الشرطي الذي مثل بروزا واضحا بلازمتي (إنْ – اذا) ودوره في التحميل الدلالي. وثالثها الاعتراض الذي شكل هو الاخر مهيمنا بارزا خدمة للدلالة وذلك لاكماله المعنى وتكثيفه تارة وتخصيص الشيء بالشيء تارة اخرى.

٤.الفصل الثالث: عُني هذا الفصل الخاص بالمستوى الصوتي بدراسة التشكيلات الصوتية المهيمنة بواقعها الصوتي تارة وارتباطها بالدلالة تارة اخرى وذلك في مبحثين:-

- المبحث الاول: الايقاع الداخلي، درس هذا المبحث التشكيلات الداخلية بشكل موسع لما لها من ارتباط بالدلالة من جهة وتشكليها توقيعات موسيقية – شعورية اجمل من الخارجية من جهة اخرى. وجاء ذلك في دراسة الجرس اللفظي اولا والتوازي بنوعية الترصيعي والعروضي ثانيا، والتكرار بانواعه (حرف – بداية – اشتقاقي – تصديري – لفظي) ثالثا.

- المبحث الثاني: (الايقاع الاخارجي) جاء في دراسة الوزن من حيث الجانب الاحصائي اولا والدلالي ثانيا والتنظيم التقطيعي (المقطعي)

ثالثا. ودرسة القافية من حيث الجانب الاحصائي والدلالي والسمتين البارزتين.

اما فيما يخص اهم المصادر التي اعتمدت عليها في بحثي هذا ؛ فقد كانت كتب التراجم خير عون بما ارفدت به الرسالة من اشعار الشاعر اخص منها كتاب مراة الزمان في تاريخ الاعيان، والذيل على طبقات الحنابلة، والذيل على الروضتين، ومقامات ابن الجوزي. حيث وجدت فيهم كما وافرا من الاشعار، فضلا عن المصادر الاخرى مثل النجوم الزاهرة و البداية والنهاية وغيرها، كما كانت كتب المراجع الخاصة بالموضوع تمثل الاساس في بنيان الرسالة اخص منها بنية اللغة الشعرية، و اقنعة النص، و مباحث تأسيسية في اللسانيات، والخطيئة والتكفير من البنيوية الى التشريحية، وعضوية الموسيقى في النص الشعري.

ولا يكاد يخلو أي بحث من صعوبات تعيق خطواته، وقد تمثلت الصعوبة الكبرى في بحثي هذا في مرحلة جمع النتاج الشعري للشاعر. حيث لم يتوافر للشاعر ديوان خاص، ولا مجموعة شعرية، مما اضطرني جمع شعره وقتا طويلا، لان هذا الشعر متناثر في طيات كتب التراجم وبعض المراجع. وقد استطعت باذنه تعالى ان اقف على ارضية صلبة انطلق منها لدراسة شعره، حيث استطعت ان اجمع اجمالا من الابيات ثلاثمئة وستة وعشرين بيتا موزعا على قصائد ومقطوعات وابيات متناثرة متفرقة هنا وهناك فضلا عن مقاماته التي فيها كم غزير من الاشعار التي لم يتسنّ لي استخراجها جميعها لحصولي على مقاماته في وقت متاخر وكانت المجموعة التي بين يدي تعني موضوعا للدراسة لان هدف الاسلوبية ليس استقصاء المجموعة الشعرية باكملها وانما الاكتفاء قدر الامكان بنماذج تحمل الملامح والخصائص المطلوبة.

ومن جميل العرفان ان اسدي الشكر الجزيل الى استاذي الدكتور فائق مصطفى الذي لم يبخل علي بعلمه وادبه الجم واعانني وبحثي هذا باراء سديدة وتصحيحات مفيدة قيمة. فضلا على كونه المبادر الاول في تحديد شاعرنا موضوعا للدراسة.

وشكري الى اساتذة قسم اللغة العربية في كلية التربية جميعا لدورهم البارز في وصولي الى هذا المستوى راجيا منهم قبول عملي هذا.

وفي الوقت نفسه اشكر جميع الاخوة والاصدقاء الذين اعانوني طيلة مسيرتي هذه.

كما اتقدم بالشكر الجزيل والامتنان القدير الى الدكتورة نادية غازي، لما تحملته من اعباء السفر وقراءة الرسالة من اجل الصالح العام، فنقول لها اهلا وسهلا بك ضيفة عزيزة.

وشكرا اقولها لرئيس واعضاء لجنة المناقشة المحترمين، لسعة صدرهم وقبولهم هذا العمل، فنقول لهم دمتم للمسيرة العلمية رجالا اوفياء واهلا بكم.

واخيرا اقدم باكورة عملي المتواضع هذا وانا على امل تحقيق الغاية المرجوة منه وتحقيق النتائج الطيبة، حيث لا ابرئ نفسي من السقوط في هوّة الغلط فلكل طريق اشواكه وعثراته، لذا فاني اتقدم به الى اساتذتي اعضاء لجنة المناقشة شاكرا لهم تفضلهم بتقويمه، منتظر اراءهم المفيدة التي تخدم مسيرة هذا النتاج. والله الموفق.

التمهيد

سيرته

وهو عبد الرحمن بن ابي الحسن علي بن محمد بن علي بن عبيد الله بن عبد الله بن حمادي بن احمد بن محمد بن جعفر الجوزي بن عبد الله بن القاسم بن النضر بن القاسم ابن محمد بن عبد الله بن الرحمن بن القاسم بن محمد بن ابي بكر الصديق (رضي الله عنه)[١]. عبد الله ابن ابي قحافة[٢] القرشي التيميّ البكري البغدادي[٣].

كنيته (ابو الفرج)، والقابه عدة، منها الواعظ (عالم العراق وواعظ الافاق)[٤]، والامام (شيخ العراق وامام الافاق)[٥]. والعلامة، واشهرها جمال الدين.

اما فيما يخص نسبة (الجوزي) اليه، فكثرت الاختلافات بين المؤرخين، إذ ذكر مجموعة منهم انه كانت في دار جده بواسط جوزة لم يكن بواسط جوزة سواها[٦] وقيل

(١) وفيات الاعيان وانباء ابناء الزمان – ابن خلكان – تحقيق – محمد محي الدين عبد الحميد- مكتبة النهضة المصرية – القاهرة – ١٩٤٨ - ٣٢١/٢ .
(٢) النجوم الزاهرة في ملوك مصر والقاهرة- ابن تغري بردى الاتابكي- مطبعة دار الكتب المصرية- القاهرة- ١٩٣٦- ١٧٥/٦ .
(٣) وفيات الاعيان ٣٢١/٢
(٤) تذكرة الحفاظ- الذهبي- دار احياء التراث العربي- بيروت- لبنان- مج/٢-ج-١٣٤٢/٤ .
(٥) غاية النهاية في طبقات القراء- ابن الجوزي- تحقيق- ج- برجستراسر- مكتبة الخانجي- مصر- ١٩٢٢-٣٧٥/١ .
(٦) تذكرة الحفاظ- ١٣٤٢/٤ و- الذيل على طبقات الحنابلة- ابن رجب صححه محمد حامد الفقي- مطبعة السنة المحمدية- القاهرة- ١٩٥٢-٤٠٠/١-٤٠١ .

سئل ولده عن نسبتهم الى الجوزي ما معناها فقال: (نحن منسبون الى محلة بالبصرة تسمى الجوز، ثم قال: ويقال ان نسبتنا الى محلة ببغداد تسمى الجوزيين كانت قريبة من محلة التوبة بالجانب الغربي)[1] ولكننا نرى ان اقرب هذه الروايات رواية سبطه (٦٥٤هـ) لكونه اكثرهم معرفة بحياته حيث يقول(رايت بخط ابن دحية المغربي [٦٣٣هـ] قال: وجعفر الجوزي منسوب الى فرضة من فرض البصرة يقال لها جوزة وقال الجوهري وفرضة النهر ثلمته التي يستقي منها وفرضة البحر محط السفن)[٢]

وولد ابن الجوزي بدرب حبيب في بغداد سنة ٥١٠هـ تقريبا[٣]، وقد اختلفت المصادر التي ارخت في سنة ولادته وكانت اغلبها تحصر ولادته بين عامي ٥٠٨-٥١٠ هـ تقريبا او على وجه التخمين[٤] لان سبطه يقول: (وفيها ولد جدي رحمه الله على الاستنباط لا على وجه التحقيق)[٥]، وقال في موضع اخر (سالته عن مولده غير مرة وفي

(١) وفيات الاعيان- ٣٢٢/٢ .

(٢) مراة الزمان في تاريخ الاعيان- سبط ابن الجوزي- مطبعة مجلس دائرة المعارف العثمانية بحيدر اباد الدكن- الهند- ١٩٥١/٨/ق٤٨١/٢.

(٣) مراة الزمان - ٨/ق٤٨١/٢ .

(٤) الجامع المختصر في عنوان التواريخ وعيون السير- ابن الساعي- تحقيق- مصطفى جواد- المطبعة السريانية الكاثوليكية- بغداد- ١٩٣٤/٩/٦٥- و- وفيات الاعيان- ٣٢٢/٢ – و- تذكرة الحفاظ- ١٣٤٢/٤ – و- الذيل على طبقات الحنابلة ٤٠٠/١ والنجوم الزاهرة- ١٧٥/٦- و- شذرات الذهب في اخبار من ذهب- ابن العماد الحنبلي- تحقيق- لجنة احياء التراث العربي- منشورات دار الافاق الجديدة- بيروت- ٣٢٩/٤ .

(٥) مراة الزمان- ٨/ق٦٢/١ .

كلها يقول: ما احققه ولكن يكون تقريبا في سنة ٥١٠ هـ)[1] وقد استند ابن رجب (٧٩٥هـ) الى خط ابن الجوزي بقوله: (لا احقق مولدي غير انه مات والدي في سنة اربع عشرة وقالت الوالدة: كان لك من العمر نحو ثلاث سنين)[2]

وعلى هذا يصبح من المحتم انه ولد في نهاية عام ٥١٠هـ او بداية عام ٥١١هـ وهذا التاريخ رجحه ابن رجب كذلك.

وعرف ابن الجوزي انه كان كثير الطلب للعلم والمعرفة حيث ارسلته عمته في مقتبل عمره الى مسجد خاله ابي الفضل محمد بن ناصر (٥٥٠هـ)، وظل يدرس عنده نحو ثلاثين سنة (وزعم انه قد استفاد منه اكثر مما استفاد من أي شيخ اخر وبطريقته اخذ علم الحديث)[3] بعدها اخذ يتردد الى المساجد والمدارس فحفظ القران الكريم وتعلم الحديث واكتسب ثقافة واسعة في شتى مجالات واصناف العلوم واخذ يلازم كبار الشيوخ والعلماء (كالفقهاء والمحدثين والوعاظ والقراء والرواة واللغويين والادباء ونحوهم كثير)[4]، يستلهم منهم ما يريد حتى اصبح واحدا من العلماء البارزين في عالمنا العربي فقد تفقه على مذهب الامام احمد بن حنبل علي ابي بكر الدينوري (٥٣٢هـ)[5] وقرأ الوعظ على الشريف ابي القاسم العلوي (٥٢٧هـ) وابي

(١) نفسه- ٨/ق٤٨٣/٢ .
(٢) الذيل على طبقات الحنابلة ١/[illegible]
(٣) مراة الزمان- ٨/ق١٣٨/١ .
(٤) قراءة جديدة في مؤلفات ابن الجوزي- د. ناجية عبد الله ابراهيم- مطبعة الديواني- بغداد- ١٩٨٧/١ .
(٥) المختصر المحتاج اليه من تاريخ الحافظ ابن ابي الدبيثي- الذهبي- تحقيق - مصطفى جواد- مطبعة الزمان- بغداد- ٢٠٥/٢ .

الحسن ابن الزاغوني(٥٢٧هـ)[1] كما انه اخذ الادب عن ابي منصور الجواليقي (٥٣٩هـ)[2] فضلا عن انه سمع من ثلاث نساء هن (فاطمة بنت الحسين الرازي(٥٢١هـ)، وفاطمة بنت عبد الله الخيري(٥٣٤هـ)، وفخر النساء الشهدة بنت احمد الاثري(٥٧٤هـ))[3]

وتتلمذ على يده خلق كثير منهم ابن الدبيثي(٦٣٧هـ) وجبريل بن صارم (٦٠١هـ) وابو محمد عبد الرحمن البابصري(٦٠٤هـ) وعبد الحليم بن محمد (٦٠٣هـ) وغيرهم.

وقد اشتهر بالوعظ والارشاد يحث الناس على الطاعات وترك المحرمات حتى ذاع صيته واشتهر امره بين العامة والخاصة ؛ إذ كانت مجالسه يقصدها الخلفاء والملوك والوزراء والامراء والعلماء والفقراء واقل (ما كان يجتمع في مجلس وعظه عشرة الاف وربما اجتمع فيه مائة الف او يزيدون)[4] حتى اصبحت مجالسه على اثر ذلك لها حضور فعال واكتسبت ارضية علمية اجتماعية واسعة النطاق لم تحصل لغيره من اعلام عصره من العلماء الاجلاء الذين كان زاخرا بالكثير منهم زهادا ووعاظا[5]

---

(١) الذيل على الروضتين- ابي شامة المقدسي الدمشقي- دار الجيل- بيروت - ط/٢-١٩٧٤/٢٢ .

(٢) المختصر المحتاج اليه- ٢/٢٠٧ .

(٣) فضائل القدس-ابن الجوزي- تحقيق- د. جبرائيل سليمان جبور- منشورات دار الافاق الجديدة- بيروت- ١٩٧٩/٢٥ .

(٤) البداية والنهاية- ابن كثير- مطبعة السعادة- مصر- ١١/١٩ .

(٥) مجالس ابن الجوزي في بغداد واثارها الاجتماعية- د. حسن عيسى علي الحكيم- مجلة المورد- بغداد- مج/٢٩- ع/٤- سنة- ٢٠٠١/٦٣ .

ولابن الجوزي في تلك المجالس لطائف الاخبار ونوادر الاجوبة منها قوله: (عقارب المنايا تلسع وخدران جسم الامل يمنع الاحساس وماء الحياة في اناء العمر يرشح بالانفاس)[١]

وقوله:(من قنع طاب عيشه ومن طمع طال طيشه)[٢]

وكان اذا (وعظ اختلس القلوب وتشفقت النفوس دون الجيوب)[٣]

وبفضل تلك المجالس التي اكتسب فيها ما اكتسب من العلم ترك لنا ابن الجوزي تراثا ضخما بمؤلفاته التي حوت في بطونها معلومات غزيرة اوجدت صداها في عالمنا العربي واصبحت تصانيفه في شتى صنوف المعرفة، التفسير، والحديث والفقه والزهد والوعظ والتاريخ والاخبار والطب وغيرها سببا الى ان يحتل مكانة عالية في الاوساط العلمية.

وقد بالغ المؤرخون في عدد مؤلفاته حتى وصلت الى حد غير معقول فمن المبالغات قول ابي العباس ابن تيمية كان ابن الجوزي (مفتيا كثير التصنيف والتاليف وله مصنفات في امور كثيرة حتى عددتها فرأيتها اكثر من الف مصنف ورايت بعد ذلك له ما لم اره)[٤]

وقيل (وبالجملة فكتبه اكثر من ان تعد)[٥]

(١) تذكرة الحفاظ- ٤/١٣٤٤-١٣٤٥ .
(٢) نفسه ١٣٤٥/٤
(٣) مناقب الامام احمد بن حنبل- ابن الجوزي- دار الافاق الجديدة- بيروت- ط/٢- ١٩٧٧/ج .
(٤) الذيل على طبقات الحنابلة- ١/٤١٥ .
(٥) وفيات الاعيان- ٢/٣٢١ .

وقيل (كتب بخطه ما لا يدخل تحت حصر وخرج التخارج)[1]

فيما يذكر ابن خلكان (٦٨١هـ) انه (جمعت الكراريس التي كتبها وحسبت مدة عمره وقسمت الكراريس على المدة فكان ما خص كل يوم تسع كراريس وهذا شيء عظيم لا يكاد يقبله العقل)[2]

وقد سئل ابن الجوزي عن تصانيفه فقال: (زيادة على ثلاثمائة واربعين مصنفا منها ما هو عشرون مجلدا او اقل)[3]

وذكر ذات مرة عن نفسه وهو على المنبر (كتبت باصبعي هاتين الفي مجلدة وتاب على يدي مائة الف واسلم على يدي عشرة الاف يهودي ونصراني)[4] حتى قال عنه الحافظ الذهبي (٧٤٨هـ) (ما علمت احدا من العلماء صنف ما صنف هذا الرجل)[5]

ومهما يكن من امر المبالغة في تلك التصانيف فانها تعد ذا قيمة علمية كبيرة تجعله (ابن الجوزي) يستحق ان يكون (منارا يهتدى به للسلوك القويم لانه كان قريبا من فئات المجتمع البغدادي وشاعرا بمعاناته وقد لعبت اراؤه المنبرية الوعظية دورها في التفاف المجتمع حوله)[6]

(١) الجامع المختصر- ٦٦/٩ .
(٢) وفيات الاعيان- ٣٢١/٢.
(٣) شذرات الذهب- ٣٣٠/٤ .
(٤) الذيل علي الروضتين- ٢١ .
(٥) تذكرة الحفاظ- ١٣٤٢/٤ .
(٦) مجالس ابن الجوزي في بغداد واثارها الاجتماعية- د. حسن عيسى علي الحكيم- مجلة المورد- بغداد- مج/٢٩-ع/٤- سنة ٦٣/٢٠٠١ .

ومن اثاره التي تركها نذكر كتاب المنتظم في تاريخ الملوك والامم، وذم الهوى، واخبار الاذكياء، وفضائل القدس، وتقويم اللسان، وصفوة الصفوة، واحكام النساء، واخبار الحمقى والمغفلين وغيرها[1]

وقد تعرضت حياة ابن الجوزي الى محن كثيرة [2] اكثرها شدة كانت محنة نفيه الى واسط بوشاية من الركن عبد السلام بن عبد الوهاب الجيلي(٦١١هـ)، حيث كان يحمل حقدا على ابن الجوزي لحرقه كتبه والاستيلاء على مدرسته، وقد استغل الجيلي مجيء القصاب (٥٩٢هـ) للوزارة ونبذه للحنابلة فرصة لتنظيم دسائسه عليه والايقاع به ونفيه بحجة انه من اتباع الوزير ابن يونس (٥٩٣هـ)[3] فامر ابن القصاب على اثرها نفي ابن الجوزي الى واسط وبقي في منفاه خمسة اعوام. وقال سبطه عن هذه المحنة (زاحم بها الانبياء والعلماء والفضلاء والاولياء وتلقى ذلك بالصبر والحمد والشكر...)[4]

وقد عاد الى بغداد بعد سعي ابنه الاصغر محي الدين يوسف (٦٤٠هـ) الذي طلب من ام الخليفة الناصر لدين الله (٦٢٢هـ) لمكانته عندها استرحام ابيه وفك قيده وعزلته، فامر الخليفة بالافراج عنه وكان ذلك سنة (٥٩٥هـ)، ولم يلبث سنتين حتى وافته المنية في(ليلة الجمعة بين العشاءين في داره بقطفتا)[5] ثاني عشر شهر رمضان من سنة (٥٩٧هـ) وحملت جنازته على رؤوس الناس الى مقبرة باب حرب، فدفن هناك عند

(١) لمزيد من التفاصيل- ينظر- مؤلفات ابن الجوزي- عبد الحميد العلوجي- شركة دار الجمهورية للنشر والطبع- بغداد- ١٩٦٥ و-قراءة جديدة في مؤلفات ابن الجوزي .

(٢) ينظر فضائل القدس/٢٠-٢١

(٣) تذكرة الحفاظ- ١٣٤٦/٤ .

(٤) مراة الزمان - ٨/ق٢/٤٨٣ .

(٥) النجوم الزاهرة- ١٧٥/٩ .

ابيه [1] وصلى عليه ابنه (لان الاعيان لم يقدروا الوصول اليه، بعدها صلوا عليه بجامع المنصور، وضاق بالناس وكان يوما مشهودا حيث لم يصل الى قبر الامام احمد بن حنبل الى وقت صلاة الجمعة وكان ذلك في تموز والحر شديد، حتى افطر خلق كثير ممن صحبه ولشدة الزحام لم يصل الى حفرته من الكفن الا قليل ونزل في الحفرة والمؤذن يقول الله اكبر فحزن الناس عليه حزنا شديدا وبكوا عليه وباتوا عند قبره يختمون الختمات بالشموع والقناديل طوال شهر رمضان) [2]

واوصى ابن الجوزي ان يكتب على قبره هذه الابيات [3]

يا كثير العفو عمن كثر الذنب لديه

جاءك المذنب يرجو الصفح عن جرم يديه

انا ضيف وجزاء الضيف احسان اليه

(١) الجامع المختصر - ٦٧/٩ - و - وفيات الاعيان - ٣٢٢/٢ .
(٢) مراة الزمان - ٨/ق٥٠٠/٢ .
(٣) نفسه - ٨/ ق٢ / ٥٠٢.

الفصـــــل الاول
المستوى الدلالي

المبحث الاول: الانزياح الشعري

١-   الاستعارة والمجاز العقلي

٢-   الثنائيات الضدية

المبـــــحث الثـــــاني:

١-تكرار المعاني

٢-تبادل الضمائر

الفصـــــــــل الاول

المستوى الدلالي

مدخل:

تعتمد الدلالة لاكتمال نصابها كي تعتلي هـرم مثلـث المسـتوى الـدلالي (التعبـيري) عـلى قطبـين اساسـين هـما (الـدال والمدلول)*. اللذان يفصحان بالتحامهما عن فرز معنى محدد. وهو ما تعنيه الدلالة وتريده (البحث عن المعنـى المنتقـل مـن كلمة ما). لذا فان هذا المستوى الدلالي او السيمانتيك* يبحث في دلالات الالفاظ والجمل والعبـارات ومعانيهـا المتكونـة مـن جدلية اندماج الدال بالمدلول. وذلك في اطار السياق العام للخطاب الشعري الـذي يخفـي في بنيتـه دلالات بعيـدة المرامـي، وكونه يكشف عن هذه الدلالات وهـي في (نسـقها ونصـها أي في صـورتها التشـكيلية لا في صـورتها المعجميـة)[١] لان دلالات النص بتعددها يكون فيها ثمة اختلاف بين (الدلالة اللغوية والدلالة الفنية)[٢]

---

* الدلالة في ذاتها ظاهرة مركبة فيها فعل الادلاء بالدلالة وفيها فاعل ذلك الفعل وفيها متلقية ثم انها تتنـوع الى اصـناف تكـون بمثابـة الانظمـة المتميـزة / مباحث تاسيسية في اللسانيات – د. عبد السلام المسدي – مطبعة كوتيب – تونس – ١٩٩٧/١٣٨.

* يعرف انجليش والسيمانتيك بانه (علم معاني الكلمات وما يتعلق بالمعنى والدلالة) – علم النفس اللغوي – د. نوال محمد عطية – مكتبة الانجلو المصرية – ١٩٧٥ /٧٢.

(١) الدلالة في البنية العربية بين السياق اللفظي والسياق الحالي – د. قاصد ياسر الزيدي – مجلة آداب الرافدين – ع – ١١ – سنة – ١٩٩٤/١١٤.

(٢) دراسة في لغة الشعر رؤية نقدية – د. رجاء عيد – مطبعة اطلس – القاهرة – ١٩٧٧/١٢.

فاللغوية (موضوعي) محصورة في اطار المعجمية على العكس من الفنية* التي تدخل في نطاق التركيب المنتظم (الجمل، العبارات) وهذه الدلالة (الفنية) هي ما يدور عليه هذا المستوى. أي انه يبتعد عن معجميه المفردة التي (تقف في الذهن على انها دال يثير في الذهن مدلولا هو صورة ذهنية لموجود عيني وهذا الحدث هو الدلالة)[1] ويتخطاها الى معناها في ضوء الجملة والعبارة المندرجة ضمن السياق النصي.

هذا التفرد بالجملة والعبارة من حيث معناها لا يعني ضمور فاعلية اللفظة المفردة وتحجيم عطائها بما تفرزه من معنى وانما تتراجع اهميتها لافضليتها في اطار النظم والتاليف وذلك لان (وحدة الدلالة او تعددها في قولنا ليسا من عمل اللفظة بل من عمل النص)[2] الذي هو من صنيع سياقه اللغوي والذي يتقنع به صاحبه لعرض

---

* تتوقف قيمة العمل الادبي على هذه الدلالة (الفنية) من حيث تعاضد اتحاد الدال بالمدلول بما يضفي على ذلك الاثر الادبي استقرار وتوازنا تنبعث منهما قدرة على الابلاغ والتواصل وتبعا لهذه العلاقة الوظيفية والتبادلية بين الدال والمدلول على صعيد البناء والاداء يكتسي العمل الادبي بطابع الجودة الفنية / البحث الدلالي عند ابن سينا – في ضوء علم اللغة الحديث (اللسانيات) – مشكور كاظم العوّادي – رسالة ماجستير مطبوعة على الالة الكاتبة – كلية الاداب / جامعة بغداد – ١٩٩٠/١٩٤.

(١) تشريح النص – مقاربات تشريحية لنصوص شعرية معاصرة – د. عبد الله محمد الغذامي – دار الطليعة للطباعة والنشر – بيروت – لبنان – ١٩٨٧/١٢- و- قواعد النقد الادبي – لاسل كرومبي – ترجمة = د. محمد عوض محمد – مطبعة لجنة التاليف والترجمة والنشر – ١٩٣٦ / ٤٠ – و- لغة الشعر العراقي المعاصر – عمران خضير حميد الكبيسي – وكالة المطبوعات _ الكويت – ١٩٨٢/١٧.

(٢) ما البنيوية – جان ماري اوزياس – مطبعة سمير امويس – دمشق – ١٩٧٢/٣٢٧ –و- اللغة والخطاب الادبي (مقالات لغوية في الادب) – ادوارد سابير – واخرون – ترجمة – سعيد الغانمي – المركز الثقافي العربي – بيروت – ١٩٩٣/٧٣ –و- اللغة والابداع – مبادئ علم الاسلوب – شكري محمد عياد – ١٩٨٨/٤٦.

افكاره وما يدور في خواطره. لذا فان نقطة اضاءة الدلالة في النص لاتكون في زاوية من دون اخرى وانما تتحرك لتشمل مجرياته وعلى هذا يلعب العنصر الدلالي في السياق دور التمركز والمفسر في الوقت نفسه وليس شيئا طارئا مقحما فيه وذلك من حيث تحديد وابراز ما تحمله الجمل والعبارات من دلالات خاصة تحت مظلة السياق الاتية فيه. ليشير ذلك كله الى رهان الدلالة بالنص اذ لا توجد دلالة من دون نص ولا نص بدون دلالة وانما احدهما قرين الاخر (فالنص باكمله مجال دلالي واحد والجمل من النص تقوم على تسلسل معنوي عام بحكم انتمائها الى نفس المجال الدلالي)[1] مما يدل ذلك على شمولية الدلالة* باشغالها حيزا واسعا في النص لتمثل في هذه الحالة العمود الفقري الذي تستند وتلتحم معه العناصر الاخرى في النص بل انها (جوهر الظاهرة اللغوية وبدونها لا يتاتى للالفاظ والتراكيب وظيفة فاعلية)[2]

---

(١) مباحث تاسيسية في اللسانيات / ٢٢٩ - و- مقالات في الاسلوبية - دراسة - د. منذر عياشي - منشورات اتحاد الكتاب العرب - ١٩٩٠/٣٣ - و- شعر محمود حسن اسماعيل - دراسة اسلوبية - عشتار داود محمد - رسالة ماجستير مطبوعة على الالة الكاتبة - كلية التربية للبنات / جامعة بغداد - ١٩٩٩/٧٩.

* الدلالة مصطلح قديم نجده في مصطلحات الفلاسفة والمناطقة والمتكلمين ولم يستخدمه اللغويون الا للقرينة اللفظية او المعنوية التي تمثل في السياق / البحث الدلالي عند ابن سينا - في ضوء علم اللغه الحديث (اللسانيات) - ماجستير /٣٦ - وللمزيد من التفاصيل عن علم الدلالة - ينظر - علم الدلالة - د. احمد مختار عمر - مكتبة دار العروبة للنشر والتوزيع - الكويت - ١٩٨٢/١١ وما بعدها

(٢) التركيب اللغوي للادب - بحث في فلسفة اللغة - والاستطيقا - د. لطفي عبد البديع - مطبعة السنة المحمدية - القاهرة - ١٩٧٠/٤٣ -و- مفاتيح في اليات النقد الادبي - د. عبد السلام المسدي - دار الجنوب للنشر - تونس - ١٩٩٤/٥٢.

ورجوعا الى ما ابتدانا به، فان هذا المستوى يبغي امتشاج الدال الذي (هو الادراك النفساني للكلمة الصوتية والمدلول هو الفكرة او مجموعة الافكار التي تقترن بالدال)[1]لتشكيل الهرم الدلالي في السياق النصي العام المتمحور في بنيات الجمل والعبارات ذات الفاعلية الشعرية. الدال △ (الدلالة) المدلول.

ومن ذلك يمكن القول. إنّ هذا المستوى (لايتوقف عند ما هو مرئي وظاهري في سطح الظاهرة اللغوية او الكتابية او الخطية وانما يغوص الى الاعماق الى ما قبل النص والى ما بعد النص من اجل اقتناص مستويات المعنى والدلالة التي يمكن ان ينبئ بها النص بطريقة مباشرة او غير مباشرة)[2]

ويمكن الدخول في مضمار هذا المستوى على النحو الاتي:-

(1) الالسنية (علم اللغة الحديث) - المبادئ والاعلام - د. ميشال زكريا - المؤسسة الجامعية للدراسات والنشر والتوزيع - بيروت - لبنان - ط /1983/2/ 180.

(2) الصوت الاخر - الجوهر الحواري للخطاب الادبي - فاضل ثامر - دار الشؤون الثقافية العامة - بغداد - 1992/202.

المبحث الاول

الانزياح الشعري

تحاول اللغة الشعرية تجنب السير في دروب اللغة المالوفة والسقوط في هاويتها، وذلك بخروجها عن مقتضيات الكون الشعري، عن طريق التغيير في استخدام اللغة الطبيعية لاصدر انتاج لغوي خاص، حتى يبدو في النهاية على شكل اسلوب يعمل على اكساب النص انطباعات جديدة وطاقات ثرة لتحقيق وظيفة الشعر الجمالية التي تكمن في تحميل دلالات النص امكانات ايحائية تغني الصورة الشعرية.

هذا الخروج الذي تقتضيه اللغة الشعرية، هو من المسلّمات التي يتكئ عليها الشاعر لخلق افراز شعري خاص به، نابع من الحداثه الصياغية التي يتطلبها نصه، وهذا يتحدد من مدى قدرته على (ابتكار اسلوبه الادائي مما لا يتقيد بانماط سائدة ولا معايير مطردة فيخرق سلم المقاييس بما يهتك حواجز النقد فيذعنه اليه)[1] هذه الحداثة المميزة التي يرتايها الشاعر في نصه تكمن وراء (الاستخدام غير الاعتيادي للغة الذي يتحقق

(١) النقد والحداثة- د. عبد السلام المسدي- دارامية- دار العهد الجديد- تونس- ط/٢-١٩٨٩-١٥/- والالسنية- ميشال زكريا/٣٠- ولغة الشعر العراقي المعاصر /١١ و- الاسلوبية ونظرية النص - دراسات وبحوث- ابراهيم خليل- المؤسسة العربية للتوزيع والنشر- ١٦٦٧/٣٦- و- بنية الخطاب الشعري - دراسة تشريحية لقصيدة اشجان يمنية- د. عبد الملك مرتاض- دار الحداثة- بيروت- لبنان- ١٩٨٦/١٦٠ .

في الاختيار الاسلوبي، ويتم هذا في كيفية تحقق الاختيار وتشكيل المتتالية اللسانية)[1] في نسق معين بحيث يجعل اللغة الشعرية مظهرا من مظاهر التميز في النص.

الا ان الاختيار على وفق المنظور الاسلوبي لا يعني اعطاء الشاعر الحق الكامل في اختيار ما يشاء خارجا بذلك على قواعد النحو واللغة الاساس، وانما يجب عليه الالتزام بالاختيار الذي يسمى (المفيد). أي الذي يخدم غايته في النص، على وفق قواعد الاسلوب التي تمثل معايير الاستعمال اللغوي، وعن طريق هذا الاختيار السليم تتنامى لديه مكونات الاسلوب في المقولات اللغوية[2] وذلك راجع الى طبيعة الاسلوبية من حيث تعاملها مع (الفرادة الشخصية في تعبير المنشئ عن نفسه وانها من طبيعتها ايضا تعالج خصوصيات المزاج والطباع عنده)[3]

وبما اننا نعمل داخل اسوار المستوى الدلالي، فان عملية تنظيم سياق تركيبي رصين (دلاليا)، لا يكاد يخلو من وجود بصمة الخروج على المالوف الشعري (دلاليا). وتحديدنا كلمة (دلاليا) هنا راجع الى كون مقتضيات الخروج على المالوف في اللغة يطلق عليها (الانزياح). وهو مصطلح اسلوبي يشتغل على مساحات النص، فيظهر ازاء

(١) المراة والنافذة- د. بشرى موسى صالح- دار الشؤون الثقافية العامة- بغداد- ١٥/٢٠٠١ -و- الحركة الشعرية في فلسطين المحتلة- صالح خليل ابو اصبع- المؤسسة العربية للدراسات والنشر- بيروت- ٢٩٥/١٩٧٩ .

(٢) الاسلوبة اللسانة - اولربش بوشل - ترجمة خالد محمود جمعة - مجلة نوافذ - السعودبة - ع - ١٣ - ستمبر - ١١٦/٢٠٠٠ - و- الاسلوبة والاسلوب نحو بديل السني في نقد الادب - د. عبد السلام المسدي - الدار العربية لكتاب - ليبيا - تونس - ١٥٩/١٩٧٧.

(٣) النقد والاسلوبية بين النظرية والتطبيق - دراسة - عدنان بن ذريل - منشورات اتحاد الكتاب العرب ١٧٤/١٩٨٩ .

ذلك على نوعين فهو (اما خروج على الاستعمال المالوف، واما خروج على النظام اللغوي نفسه. أي الخروج على جملة القواعد التي يصير بها الاداء الى وجوده)[1]

لذا سنكتفي بالنوع الاول الذي يدخل في اطار المستوى الدلالي.

إذ أنّ الجملة النحوية المنتظمة في السياق (دلاليا) تتعرض لتصدعات النظام الدلالي وفقا لمتطلبات الرؤى النصية التي يرتايها الشاعر في خطابه. وهذا التصدع الذي يحدث المنافرة، ياتي عند الشاعر عفويا حينا، ويتقصده في احايين أخرى وذلك من اجل اختزال الثيمات العائمة المنبجسة من التجربة وعرضها في بودقة التركيب (دلاليا)، لتتشظى منها ثيمات فنية جديدة بحسب صياغتها اللغوية.

ونظرا لكوننا متبعين خطى الاسلوبية لمعرفة ملابسات هذا المنحى، فاننا نرى في النص الادبي الذي هو محور الادب (فعالية لغوية انحرفت عن مواضعات العادة والتقليد وتلبست بروح متمردة رفعتها عن سياقها الاصطلاحي الى سياق جديد يخصها ويميزها، وخير وسيلة للنظر في حركة النص الادبي وسبل تحرره هي الانطلاق من مصدره اللغوي)[2] ومعرفة اشكالية تصدع تنظيمه الدلالي، منطلقين من رؤية خاصة تتمحور في كون اللغة الشعرية تحمل دفقات دلالية مكثفة في اطار السياق الواردة فيه على وفق منظور البنيتين السطحية والعميقة.

---

(١) مقالات في الاسلوبية/ ٨١ و المرآة والنافذة/ ٣٦ ٣٧ و التركيب اللغوي للادب/ ١٠٧ .

(٢) الخطيئة والتكفير- من البنيوية الى التشريحية- قراءة نقدية لنموذج انساني معاصر- مقدمة نظرية ودراسة تطبيقية- د. عبد الله محمد الغذامي- النادي الادبي الثقافي- السعوديه- ١٩٨٥/٦-و- اضاءه النص- اعتدال عثمان- دار الحداثه بيروت- لبنان- ١٩٨٨/٨-و- اللغه والابداع- مبادئ علم الاسلوب العربي/٧٨ .

فالنص الشعري باكمله قائم على هاتين البنيتين، على الرغم من اختلافهما فالعميقة (*) التي تعد اساس التوظيف الدلالي هي (البنية المجردة التحتية التي تحدد التفسير الدلالي، اما الثانية فهي التنظيم السطحي لعناصر تسمح بتعين التفسير الصوتي وتشير الى الشكل المادي للملفوظ الواقع سواء المقصود منه او المدرك)[1]

أي ان هيكلية السطحية تطفو على سطح الشكل، بينما تغوص العميقة في اعماق المعنى....

هذه الارسالية تتشكل في السياق النصي بحسب قوانين النحو التوليدي والتحويلي[2] فجملة

محمد نشيط - سطحية

جملة توليدية دلاتها خبرية تقريرية ولكن عند دخول احدى ادوات التحويل كالزيادة مثلا

ان محمد نشيط - عميقة

* البنية التحتية (العميقة) هي (الجانب الادبي المضبوط بقواعد صوتية وصرفية ومعجمية تهدف الى تحقيق المعنى الدلالي العميق)/ البنية التحتية بن عبد القاهر الجرجاني وتشومسكي- د. خليل عمايرة- مجلة الاقلام- بغداد ع-٩/١٩٨٣/٨٩.

(١) مدخل في اللسانيات- صالح الكشو- الدار العربية للكتاب- ١٩٨٥/١٦٩-و- اللغة والمعنى والسياق- جون لاينز- ترجمة- د. عباس صادق الوهاب- دار الشؤون الثقافية العامة- بغداد- ١٩٨٧/١٦٩ .

(٢) لمزيد من التفاصيل حول هذا- ينظر- منهج النقد الصوتي في تحليل الخطاب الشعري الافاق النظرية وواقعية التطبيق- د. قاسم البريسم- دار الكنوز الادبية- ٢٠٠٠/٢١-٣٣-و- الالسنية- ميشال زكريا/٢٦٧ وما بعدها.

تصبح الجملة تحويلية معنوية على دلالة عميقة،على الرغم من بقاء المعنى نفسه ولكن بزيادة وهي التوكيد على كون محمد نشيطا.

لذا فان هذا الامر (ينطوي على فرضية مفادها... ان أي دلالة مبتكرة في لغة ما تعني تغييرا في التركيب النحوي او في النظائر النحوية لتلك اللغة)[1]

الا ان ذلك لا يعنينا هنا كوننا نعمل في حدود المستوى الدلالي لا التركيبي الذي يبغي ذلك، وانما ما يعنينا هنا الوقوف على السياقات التي فيها مخالفات لغوية دلالية على الرغم من تركيبها النحوي السليم، لانتفاء امتشاج الكلمة مع مجاورتها، لما بينها من منافرة توحي بدلالة ما. كون (البنية العميقة متصلة بالبنية السطحية بواسطة بعض العمليات الذهنية او التحويل النحوي حسب الاصطلاحات المعاصرة)[2] والعمليات الذهنية هي التي تعنينا هنا. أي التي تدخل في فلك الدلالة. وتشكل البنية العميقة فيها

---

(١) الزاوية ونظرية النص / ٧٢ و في التحليل اللغوي منهج وصفي تحليلي د. خليل احمد عمايرة- مكتبة المنار الاردن ١٩٨٧/٣٦ و الزاوية اللسانية- اولريش بيوشل- ترجمة- خالد محمود جمعة- مجلة نوافذ - السعودية- ع-١٣- سبتمبر- ٢٠٠٠/١٣٢-و- البنية التحتية بن عبد القاهر الجرجاني وتشومسكي- د. خليل عمايره- الاقلام- بغداد- ع- ٩-١٩٨٣/٩٤ .

(٢) مدخل في اللسانيات/ ١٦٧ .

النواة الاساسية التي تغني الخطاب الشعري* لذا فان (الهدف الجوهري للجملة يكمن في المعنى الذي يحل في بنيتها التحتية، اما الشكل فانه يتحقق في تركيبها السطحي)[١]

واستنادا الى ما جاء به ناقدنا عبد القاهر الجرجاني (٤٧١هـ) في نظريته (المعنى- ومعنى المعنى)[٢] نؤسس دراستنا في هذا المنحى على اساس تخطي المعنى القريب الذي يتحرك على سطح البنية السطحية، ومحاولة النفاذ الى اعماق البنية العميقة. وذلك عبر تجاوزنا القراءة الاستكشافية والغوص في القراءة البنيوية* للكشف عن مغزى الخصيصة

---

* تجدر الاشارة الى كون البنية السطحية لا تعني (التركيب الظاهر او الوجه المنطوق من الجملة بل هو تعبير نقصد به قرب المعنى وعدم دخوله في التركيب الجملي الذي يشير الى معنى محول من المعنى اليسير او الى المعنى المركب)/ في التحليل اللغوي/ ٣٥ الا انها (السطحية) تتراجع اهميتها امام العميقة وتكون (عاجزة عن انه تمتد يدها الى المعاني وان وظيفتها تقتصر على صرف النظم او المجاميع النهائية بعد اعجامها الى صوتيات ملائمة)/ مدخل في اللسانيات /١٤٠-و- الالسنية - ميشال زكريا/ ٢٦٧ .

(١) البنية التحتية بن عبد القاهر الجرجاني وتشومسكي- د. خليل عمايرة – الاقلام – بغداد - ع-٩/١٩٨٣/٩١ -و- درجة الصفر للكتابة- رولان بارت- ترجمة- محمد برادة- دار الطليعة للطباعة والنشر- بيروت- لبنان- ١٩٨١/٣٤-و- في معرفة النص- دراسات في النقد الادبي- د. حكمت صباغ الخطيب (يمني العيد) -مطبعة النجاح الجديدة- الدار البيضاء- ١٩٨٤/١٢٥ .

(٢) ينظر- دلائل الاعجاز- عبد القاهر الجرجاني- علق حواشيه- السيد محمد رشيد رضا- دار المنار- مصر- ١٣٦٦هـ/٢٦٢/٢٦٣ .

* هاتان القراءتان اقرهما ريفاتير- كون الاولى (الاستكشافية) تعمل في البنية السطحية لتنافر الدلالة فيها على العكس من الثانية البنيوية التي تنتقي عندها المنافرة وتصبح مقبولة / معايير تحليل الاسلوب- ميكائيل ريفاتير- ترجمة- د. حميد الحمداني- منشورات دراسات سال- الدار البيضاء-١٩٩٣/٥٧ .

الاسلوبية هذه او تلك. اذ (لاشك ان التاثير الذي توفره المعاني الثانية او المعاني الشعرية يكون ابدا أبلغ من الحقيقة)[١]

وفي ضوء هذا التوضيح، سندخل في عالم الانزياح، متخدين من اسلوب التوظيف المجازي الذي يجمع في نطاقه حدود الشيئين المتباعدين اللذين لا تربطهما صلة ما، بغرض التكثيف الدلالي وتعزيزه بما ينسجم والنص الوارد فيه....[٢]، مدخلا لدراسته وذلك عبر قسمين:

١. الاستعارة والمجاز العقلي.

٢.الثنائيات الضدية.

١- الاستعارة والمجاز العقلي:-

تقوم الاستعارة في اساسها على مبدا نقل اللفظ او العبارة من موضع استعمالها الحقيقي في اللغة الى موضع مغاير للاول، بهدف تحميل (اللفظ والعبارة) دلالات ابعد، ليفضي ذلك في النهاية الحيوية على الصورة، ويعطيها قيمة خاصة تجعلها ذات سمة فنية ملموسة في سماء النص الشعري الا ان (الاستعارة الشعرية ليست مجرد تغيير في المعنى، انما تغيير في طبيعة او نمط المعنى. انتقال من المعنى المفهومي الى المعنى الانفعالي)[٣] أي تجاوز المعنى القريب (السطحي) والتوغل في رحاب المعنى البعيد (العميق).

(١) شعر عمر بن ابي ربيعة- دراسة اسلوبية- امل عبد الله سلمان داؤود السامرائي- رسالة دكتوراه مطبوعة على الالة الكاتبة- كلية الاداب/ جامعة بغداد- ١٩٩٨/٢٥٦ .

(٢) الاستعارة التنافرية في نماذج من الشعر العربي الحديث- الدكتوران- بسام قطوس وموسى ربابعة – مجلة مؤته للبحوث والدراسات – الاردن مج/٩-ع/١- نيسان-١٩٩٤/٣٣ .

(٣) بنية اللغة الشعرية- جان كوهين- ترجمة محمد الولي ومحمد العمري- دار توبقال للنشر- الدار البيضاء- المغرب ١٩٨٦/٧ و الحركة والسكون دراسة في البنية والاسلوب -تجربة الشعر المعاصر في البحرين نموذجا- بنية اللغة -د. علوي الهاشمي- منشورات اتحاد وكتاب وادباء الامارات- ١٩٩٣-١/١١٥-و- اللغة الشعرية في الخطاب النقدي العربي تلازم التراث والمعاصرة- محمد رضا مبارك- دار الشؤون الثقافية العامة- بغداد- ١٩٩٣/١٧٠-و- شعر عمر بن ابي ربيعة- دراسة اسلوبية – دكتوراه/٢٥٤ .

هذا التوظيف نابع من رغبة الشاعر بان (لا يقول ابدا ما يرغب فيه مباشرة ولا يسمي الاشياء باسمائها)[1] وتتراوح ابعاد هذا القسم المكون للصور* بين الوحدة الدلالية الصغرى والوحدة الدلالية الكبرى أي القصيدة بكاملها[2] حيث لا يكون محصورا في حيز نطاق البيت او

---

(١) بنية اللغة الشعرية/ ١٢٨ .

* تكون الصورة هي البذرة الاولى التي تنبت منها القصيدة ومن ثم تخرج عن كونها طريقة في التعبير الى كونها موضوع التعبير... وهذه الصورة لها خاصيتان هما انها تخاطب الخيال ... انها تشير ارتباطات ذهنية متصلة بعمل احدى الحواس اولا... وانها تربط بين شيئين متباعدين في الظاهر ثانيا / -اللغة والابداع – مبادئ علم الاسلوب العربي/ ٦٩. فضلا على كون (الصورة تفعل على مستوى واحد هو المستوى الدلالي وترى ان لها بعدا واحدا هو بعد وظيفتها المعنوية ولا خلاف في هذا بين المناهج التي تتصور ان الصورة تؤدي دورها عن طريق تقرير المعنى ذي البعد الواحد وتلك التي تؤمن ان المعنى له طبقات عدة منها السطحي المباشر ومنها التضميني الذي نكشفه عن طريق الترابط والاستنتاج) / جدلية الخفاء والتجلي- دراسات بنيوية في الشعر- كمال ابو ديب- دار العلم للملايين- بيروت- ١٩٧٩/ ٢١-٢٢-و- الاسس النفسية لاساليب البلاغةالعربية- د. مجيد عبد الحميد ناجي- المؤسسة الجامعية للدراسات والنشر والتوزيع- بيروت- لبنان- ١٩٨٤/ ١٥٣-١٥٥ .

(٢) دليل الدراسات الأسلوبية- د. جوزيف ميشال شريم- المؤسسة الجامعية للدراسات والنشر والتوزيع- بيروت- لبنان- ١٩٨٤/ ٧٤ .

البيتين احيانا، وانما ياتي ليشمل القصيدة كلا في احاين اخرى عندها تكتمل مشروعية الصورة في رسم ابعادها الدلالية. وتاتي الاستعارة عادة لغرض (شرح المعنى وفضل الا بانه عنه، او تاكيده والمبالغة فيه، او الاشارة اليه بالقليل من اللفظ، او تحسين المعرض الذي يبرز فيه)[١]

وبعد ذلك يمكن الوقوف على مجموعة من الامثلة التي فيها سمات دلالية تصب في هذا القسم منها[٢]:

العـــز في كلـــف الرجـــال ولم ينـــل ... عـــــز بـــــلا نصـــــب ولا تكليـــــف

والجـــدب مضـــــن للاعـــزة داره ... والـــــذل ينبـــت في مكـــــان الريـــــف

ولقـــد تـــعرفت النوائـــب صـــعدتي ... فاجـــاد صرف الـــدهر مـــن تثقيفـــي

فـــبدار انديـــة الفخـــار اقـــامتي ... وعـــلى الفضـــائل مربعـــي ومصـــيفي

تتمحور حركة اللوحة الاستعارية (المكنية) دلاليا، على فخر الشاعر بذاته وثقافته وكرمه ....الخ وقد ارتأى الشاعر عرض فكرته(الفخر بذاته)، بالتخفي وراء ستر الاستعارة (المكنية)، لما لها من وقع خاص في افراز الدلالة ونمائها، عن طريق تحميل دواله معاني واسعة. حيث يلعب الدال (دورا اساسيا في خلق جدلية داخل الكتابة تؤدي

(١) كتاب الصناعتين الكتابة والشعر - ابو هلال الحسن بن عبد الله بن سهل العسكري- تحقيق- علي محمد البجاوي- محمد ابو الفضل ابراهيم- دار احياء الكتب العربية- البابي الحلبي- القاهرة- ١٩٥٢/ ٢٦٨-و- دير الملاك- دراسة نقدية للظواهر الفنية في الشعر العراقي المعاصر- د. محسن اطيمش- دار الشؤون الثقافية العامة- بغداد- ١٩٨٦/ ٢٤٦ .

(٢) مقامات ابن الجوزي- ابن الجوزي- تحقيق- د. محمد نفش – دار فوزي للطباعة- القاهرة – ١٩٨٠/ ١٣١ .

الى تعدد المعنى والى انفجاره)[١] فثمة تنافر قائم بين ما هو مادي (الجدب) الذي يرمز الى القحط وخلاص عمر الشيء وبين المعنوي(مضن). وهي خصيصة تلازم الانسان وتعني التعب. الا ان الاستعارة قد واشجت بين الاثنين وقاربت وضعهما في افراز الدلالة، وثمة سكونية معنوية تغادر دلالتها باقترانها بشيء مادي، فكون الذل ينبت (تجسيد) شيئا يحدي بالقارئ استحضار دلالة هذا التوظيف. بعدها يجعل ما هو معنوي (التشخيص) شيئا يعرف حضوره وقوته ومدى شجاعته، بجعل النوائب تعرف، وكذا بجعل صرف الدهر يجيد تثقيفه. أي انه شخص صرف الدهر بهيئة انسان يعمل على تثقيفه. لتاتي تقريرية الاستعارة بجعل انديه للفخار تكون محل اقامته، وكون الفضائل بمعنوياتها تتجسد بكونها مربعا له ومضيفه ... هذا التوظيف كله يصب في منعطف تحميل الدلالة ايحاءات بعيدة بايماءات الدوال التنافرية. فالتواتر الاستعاري بتتابعية ينذر امساكه بتلابيب الدلالة الدائرة على الفخر بالذات وعدم الانزياح عنها. حيث الدوال تعمل مجتمعة على زيادة حركية الصورة وترسيخ اواصرها. لان تقرير الحالة (الفخر بالذات) بسرد شكلي خال من التكثيف المجازي، لا ينم عن تحريك الصورة وانما العكس، لهذا نلمس ان (الشعر باختصار لا يفصل الكلمة عن معناها بقدر ما يضاعف على نحو محير غالبا - نطاق المعاني الممكنة لها)[٢] لذا فان تحول المعنويات الى ماديات بـ (التجسيد والتشخيص) هنا، ليس الا تاطيرا للوحة بسمة فنية، كونها تدل دلالة على امتلاك ذاته (الشاعر) حضورا فعليا على المستويين، ليوحي ذلك

(١) درجة الصفر للكتابة/ ١٨ .

(٢) البنيوية وعلم الاشارة- ترنس هوكز- ترجمة- مجيد الماشطة- دار الشؤون الثقافية العامة- بغداد- ١٩٨٦/ ٥٩ .

كله بعلو منزلته من جميع نواحيها (الشجاعة- القوة- الفضل...) وبشقين(مادي- معنوي)

وقوله[1]

وكيـــف بـــالعيش الرطيـــب بعـــدما حـــط المشـــيب رحلـــه في شـــعري

ســـواد راس أم ســـواد نـــاظر فانـــه مـــذ زال اقـــذى بصرـــي

مـــما كـــان اضـــوا ذلـــك الليـــل عـــلى ســـواد عطفيـــة وملـــا يقمـــر

عـــمر الفتـــى شـــبابه وانمـــا اذنـــه الشـــيب انقضـــاء العمـــر.

ترتسم في هذه الابيات لوحة فنية قوامها التضافر الاستعاري الانزياحي المتشكل في حيزها عبر قناة (التشخيص والتجسيد)، فالانزياح لا يبارح ان يتشكل في مستهل البيت الاول (بالعيش الرطيب) الذي يمثل صورة استعارية (تجسيد). وذلك لعدم تازر الصفة مع الموصوف، فالصفة تنتمي الى المجال الحسي والموصوف ينتمي الى المعنوي، وهو يمثل الانفتاح الدلالي الذي يتنامى عليه التعالق الاستعاري، لكون (العيش الرطيب) الذي يمثل مرحلة الشباب، سوف ينجلي وينكسر بظهور الشيب. ولكن على الرغم من السمة التنافرية بين المعنوي (العيش) والمادي (الرطيب). يكون امتشاج بعضهم مع بعض تحت كنف الاستعارة اكثر فائدة في دفع الدلالة، فالعيش بتمثيله مرحلة الزهو والحركة والخصب، يقابله النماء والرقة والجودة في الرطيب. ليدلان معا على ارجحية حركية الفتى في شبابه. الا ان الصورة تنعكس بغلبه عتامة الكبر بقرائن دالة، وهي (المشيب- الشيب) فثمة ملمح تشخيصي ينبجس لتحريك اللوحة الانزياحية متمثل في كون المسند اليه(المشيب) ينتفي مع مسنده (حط)، وكونه يحط

(١) مقامات ابن الجوزي/ ١١٢ .

برجله في شعره، وكون زوال سواد الراس وسواد الناظر يقذي بصره، فضلا عن ان الشيب ياذن بانقضاء عمر الفتى. وهذا كله كفيل بلفت انتباه القارئ ومعايشته النص والتفكير بدلالته العميقة بخياله المحدود وهو ما ينطبق على قول ادوارد سابير من (ان البنية الدلالية شيء ينجزه القارئ بعملية فرز من خلال دلالات الايحاء الواردة في كلمات النص وعباراته بحثا عن النماذج)[1] وكذلك قول صلاح فضل: (يبدو ان عدوى الشعر تنتقل بالضرورة الى القراء فتجعلهم احيانا يفكرون بالصورة ويعبرون بالتشبيهات)[2] إذ وجدنا هنا. إنّ التعالق الاستعاري المتحرك على حيز الابيات، وتشكيله السمة الامثل، لا ينفك يدور على ثابت واحد هو (العيش الرطيب) يريد انتفاءه وتقليص حضوريته الدلالية. فالشباب مرحلة الزهو والخصب والحركة، والمشيب على العكس من ذلك خصلة تنذر بضمور فاعلية الشباب. وما ابتداء استهلال الابيات بايماء وتلويح بربيع العمر (الشباب) بقرينه (العيش الرطيب)، وتواتر التعالق الاستعاري الدال على ضدية النماء بالضمور، إلاّ تسويغ لاستكمال الدلالة وتعميق اثرها عند المتلقي. فالتنافر الجزئي الذي الفيناه هنا بين الدوال افضى الى المقاربة. وذلك بتجاوز دلالتها السطحية التي اصطدم فيها القارئ بجدار اللا مقبول بسبب التنافر، والتماس دلالتها العميقة التي تاصلت في سيطرة العجز على الانسان، لفقدان زهو الشباب بدلالة الشيب والمشيب.

وقوله[3]:

تـــــزدحم الالفــــــاظ والمعـــــــاني   عـــــلى فـــــؤادي وعـــــلى لســــــاني

(١) اللغة والخطاب الادبي (مقالات لغوية في الادب)/ ١١١ .
(٢) شفرات النص- دراسة سيميولوجية في شعرية القص والقصيدة - دار الادب - القاهرة - ١٩٩٩/٦٤ .
(٣) مراة الزمان- ٨/ق/٢/٤٩٣-٤٩٤ .

تجــــري بي الافكـــــار في الميــــــدان ازاحــــم الــــــنجم عــــلى المكـــــان

تبدو معطيات الاستعارة المكنية بينة الملامح، باقتران المسند اليه المعنوي (الالفاظ) بمسند ليس من عالمه (تزدحم) والمسند اليه (الافكار) بالمسند (تجري). وثمة انزياح متمثل بمزاحمة الشاعر النجم على المكان. فالافعال الانسانية باقترانها بما هو غير انساني، تفضي الى حركية التشخيص بتكثيف وتعميق الدلالة. فهذا التوظيف تكمن دلالته في كون الشاعر يمتلك مقدرة ثقافية هائلة. لان الالفاظ والمعاني تتسم بكثرتها وتتداعى اليه، ومتى ما يبغي الافصاح عما يدور في خاطره وما يجول في نفسه من افكار، فان جعبته فيها الكثير منها تنساب وتتدافع لتشكل ازدحاما، ولكثرتها تعرض الافكار بكثرة ايضا لتجري في الميدان، ولا يتسع لها فتحاول تخطي حدودها نحو مزاحمة النجم في الفضاء الواسع. وهذا كله يدل على علو شان الشاعر واشغاله مدى ارحب، لسعة افكاره التي لا يسعها الميدان، ليكتمل عندها فضاء الدلالة المقترن بالفخر الذاتي ... فالتنافر هنا تحول الى مقارنة على المستوى العميق في دلالة علو المنزلة.

وقوله[١]:-

ســـــعيت الى ســــد بـــــاب الــــوداد واحـــــزن قلبـــــي وفـــــاة الوفـــــاء

تعتلي في صدر هذا البيت نبرة حزن وعتمة، وهي الدلالة العائمة في البيت كله. لان العجز قد دعم هذه النبرة دلاليا، وكثف بذلك دلالة الحزن التي تخيم على البيت. وذلك عن طريق الانزياح (التركيبي - الدلالي). فالنسج التركيبي طرء عليه انزياح بتقديم المفعول به (القلب) على الفاعل (وفاة الوفاء)، والتقدم هنا لغرض توكيد الحكم وحصره به. أي تخصيص القلب بالحزن وما يؤول اليه ذلك من عتمة نفسية، بينما نرى

(١) الذيل على طبقات الحنابلة - ٤٢٣/١.

الانزياح الدلالي تحقق بفضل عكس المتواتر والمتعارف عليه، من كون الوفاة تصيب الماديات من الاحياء وليس المعنوي الوارد هنا (الوفاء). الا ان تقنية الاستعارة التي تنفي الانزياح التنافري، عن طريق تواشج غير المالوف في صيغتها. تكون خير اداة لتحميل الدلالات اطرا ايحائية اعمق اثر من غيرها. وهذا ما يؤكده فيرث بقوله: (ان المعنى لا ينكشف الا من خلال تسييق الوحدة اللغوية أي وضعها في سياقات مختلفة)[1]

فالانزياح الحاصل (وفاة الوفاء) ينذر بعدم جدوى اصحابه. لان الوفاء متجذر في الصديق، فاذا ما مات (الوفاء) انتهى عندها الامل بالرجاء والطلب من الصديق. فالدلالة تكمن بانعدام الوفاء اساسا عندهم ولا جدوى فيهم لطلب ما يريده منهم.

ويكمن عرض مجموعة الامثلة وبيان تسويغ مجيئها بشكل سريع تلافيا للاطناب منها:

١.حتى يدق طبول　　　الهناء ابواب الرجى
احزنتم القلب مني　　　وافر حتمو الشمات
يطلبكم القلب مني　　　والعين تطلبكم هيهات[2].

٢.ترفق رفيقي هل بدت نار ارضهم　　　ام الوجد يذكى ناره ويثيرها ؟
سقى الله اياما مضت ولياليا　　　تضوع رياها وفاح عبيرها[3].

---

(١) نقلا عن - علم الدلالة - احمد مختار عمر / ٦٨.

(٢) كتاب التراث الشعبي - ديوان الكان وكان في الشعر الشعبي العربي القديم - د. كامل مصطفى الشيبي - دار الشؤون الثقافية العامة - بغداد - ٧٥/١٩٨٧.

(٣) الذيل على الطبقات الحنابلة - ٤٢٤/١ .

نلحظ في النموذج (١) ثمة انزياحات لغوية بخروج الاسانيد على مالوف العادة، عبر لازمتي (التجسيد والتشخيص) تحت اطار الاستعارة المكنية. فالتجسيد قد تحقق في (طبول الهناء، ابواب الرجى)، والتشخيص قد تمثل باسناد ما هو انساني الى غيره، فجعل للقلب حزنا (احزنتم القلب)، والعين والقلب يطلبان (يطلبكم القلب - والعين تطلبكم). هذا الانتهاك لمألوف العادة في السياق اللغوي له ما يسوغه. فالشاعر يصطرع مع نفسه بسبب بعده عن اهله ودياره، فيحول ما هو معنوي مادي لزيادة حجم احساس كل ما هو محيط به لعيش معاناته. لان الصورة التي (تقوم على التجسيم لا يعول عليها في وصف الواقع المشاهد، وانما دورها وصف اعماق الشاعر وما ينطبع في نفسه من انفعالات مختلفة، وتقديم كل ذلك في قوالب مادية بيانية)[1] و هو ما طرا هنا من نقل الانفعال الذي يحسه الشاعر، ويريد البوح به.

اما النموذج (٢) فان خطوط الاستعارة المكنية تتضح بقلب مالوف اللغة، وذلك باقتران المادي (النار) بالمعنوي(الوجد)، تحت سقف الاستفهام المتنافر، بفضل امتلاك الارض نارا (هل بدت نارا ارضهم)، والبيت الثاني من النموذج (٢) اقتران الايام بالسقاء، وتسويغ التراسل (تراسل الحواس) في (ولياليا- تضوع رياها وفاح عبيرها). فالليالي التي مضت لجمالها كونها قضاها بين اقرانه، لها طعم خاص تفوح منها رائحة العبير، والسقاء الذي يكون للارض استبدل بالايام.

وفي الختام يمكن القول: إنّ هذا التوظيف (الاستعاري)، يحمل بين طياته دفقات وشحنات ايحائية دلالية بعيدة المرامي، لشد انتباه المتلقي لمعرفة امكانية ايحائية تارة،

(١) خصائص الاسلوب في الشوقيات - محمد الهادي الطرابلسي - منشورات الجامعة التونسية - ١٩٨١/٢٠١ -و- الشعر كيف نفهمه ونتذوقه - اليزابيث درو - ترجمة - د. محمد ابراهيم الشوش - منشورات مكتبة منيمنة - بيروت ١٩٦١/٢٧.

وكونه يعطي الواقع الشعري لمسة فنية خاصة تحرره من قيود المالوف النثري التقريري تارة اخرى. لان الشعر لا يقتصر على (المعنى المحدد الذي يكتفي به النثر، انما هو عدول يتمثل في اقوى صورة بالاستعارة وما يتصل بها.. او فيما يسمى بـ (معنى المعنى)[1]

٢.الثنائيات الضدية:-

غالبا ما تجمتع في النص الشعري متنافرات تشئ بمجيئها جوا من اللامعقول، لبعد الصلة الرابطة بينهما، بل (ان العلاقة بينهما ليست بعيدة فقط، وانما متناقضة ومتنافرة)[2] على الرغم من كونهما يحيلان في الوقت نفسه ويرجعان الى نواة دلالية واحدة في المستوى العميق. حيث يوحي التناقض في بدايته بتشتت الفكرة بين وحدات النص الاساس عند القراءة الاولية وينتفي ذلك بالقراءة الثانية (البنيوية). أي ان (التناقض ما هو الا صورة سطحية سرعان ما تغوص في عمق ذلك التناقض، لنصل الى قدرة الكلمة التي تلعب فيها الصور الرامزة التي تلمع خلف بناء الجملة وتدفعنا الى اعادة تركيب الخلق اللغوي، عن طريق النظر الى التداخل في بناء العبارة، وكيف يتساوق مع الفكرة او الافكار. حتى تثبت على صورة القصيدة الظاهرة صور اخرى)[3]

ويعود سبب اللجوء الى هذا التوظيف، الى رؤية الشاعر الخاصة بتمويه الدلالة على القارئ، وجعله يتخطى بقراءته للنص المدلول الاول وصولا الى المدلول الثاني، على

(١) شعر عمر بن ابي ربيعة - دراسة اسلوبية - دكتوراه /٢٥٥.

(٢) الاستعارة التنافرية في نماذج من الشعر الحديث - الدكتوران - بسام قطوس و موسى ربابعة - مجلة مؤته للبحوث والدرسات - الاردن - مج / ٩ - ع ١/ نيسان ١٩٩٤ / ٥٧.

(٣) دراسة في لغة الشعر رؤية نقدية / ١٤ - و- جدلية الخفاء والتجلي /١١٠ -و- اللغة الشعرية - محمد رضا مبارك / ٦٦ -و- الالسنيه - ميشال زكريا - ١٧٨ -و- شعر محمود حسن اسماعيل - دراسة اسلوبية - ماجستير / ١٢٧.

وفق قراءة بنيوية ترشده في النهاية الى مغزى هذا التوظيف، وفهم معطيات النص بكامله. مما قد يدل هذا على (عدم قدرة القارئ على البت بصورة قاطعة بصحة قراءة دون سواها، فثمة عملية (ترجيح) القراءة* معينة دون الجزم النهائي بذلك)[1]

وعن طريق فك مغالق النص الشعري لمجازية جمله وعباراته وتنافريتها. تتضح معالم الصورة * وتصبح جلية للعيان.

وانطلاقا من القول. إنّ (تشكل التعارضات او التغايرات في سياق النص من ابرز الملامح الاسلوبية التي يجب تعينها)[2]، فاننا نبغي الدخول في عالم هذا القسم، عبر التمثيل له بثنائيات ضدية تشكل بمجيئها انزياحات شعرية لتنافرها في حدود جمعها معا في جملة واحدة، متجاوزين الثنائيات التي فيها تناقص بارزا على سطح البنية السطحية، والتي لا تشكل انزياحا لسلامة مجيئها في موقعها. مثل

فكـــل جمـــع فـــالى تفـــرق　　　وكـــل بـــاق فـــالى نفـــاذ[3]

واغلـــق ابـــواب حـــزني　　　وافـــتح ابـــواب الهنـــاء[4]

---

* قراءة

(١) شعر محمود حسن اسماعيل - دراسة اسلوبية - ماجستير / ١٢٨ .

* ليس بالضرورة ان تكون عبارات الصورة وجملها مجازية بل حقيقية ايضا لان الفكرة تكمن في مدى طرحها لابراز جوانب التجربة التي مر بها الشاعر .

(٢) اسلوبية البناء الشعري - دراسة اسلوبية لشعر سامي مهدي - ارشد علي محمد - دار الشؤون الثقافية العامة - بغداد - ١٩٩٩/ ٢٥ .

(٣) الذيل على طبقات الحنابلة - ٤١٥/١.

(٤) كتاب التراث الشعبي - ديوان الكان وكان / ٧٦.

فالجمع مصيره التفرق والبقاء مصيره الفناء. وهي سمة متعارف عليها. وكذا المنافرة في البيت الاخر بين الصدر والعجز

لذا سنمثل هنا بامثلة فيها ثنائيات ضدية انزياحية شكلت بمجيئها المتواتر في نصوص (ابن الجوزي) مؤشرا اسلوبيا يستحق الوقوف عليه منها(١)-

قالوا تصاهلت الحمير   فقلت اذ عدم السوابق

يترای لنا في هذا البيت تنافرية يتولد عنها ضحك ساذج للمغايرة في طبيعة الشيء الاصلي لقراءتنا الاولية. فكون الصهيل الصوت المقترن بالخيل يصدر من الحمير شيء فيه الكثير من اللامقبول والسخرية. فكيف يتحول نهيق الحمار الى صهيل ؟ وتحل الحمير محل الخيول ؟ هذا الخيط المعقد لا يمكن حله وكشف مغزاه الاصلي، الا بعد اعادة قراتنا للبيت بنيويا، كي يرتسم امامنا الخيط المعقد لحله، حيث وجدنا بعد القراءة الثانية. إنّ النسق الكنائي يتماهى بدلالته في البيت، ولا يشيع ظهوره في البنية السطحية، بل العميقة. لان السياق كفيل باضاءة معالمه لاندماجه معه. فالدلالة اللامقبولة في البنية السطحية (تصاهلت الحمير) انتفت في البينة العميقة، واصبحت مقبولة، كونها راجعة الى نواة دلالية تتمحور في الهجاء:

تصاهلت الحمير - دلالية اولية - سطحية

↓

الهجاء - دلالية ثانية - عميقة

فالشاعر يصف هؤلاء المستطرقين بالحمير التي تتصاهل. أي قولهم الشيء الذي يعلو مستواهم. وعليه فهم يقولون مالا يليق ويجدر بهم، من الوعظ. كونهم ليسوا من ارباب هذا الشيء. أي قولهم عديم الفائدة، لانه صادر من نفوس وعقول لا تعي ما

(١) مراة الزمان - ٨ / ق ٤٩٥/٢.

يقال اساسا، بل ليس من سراجها اصلا. فالحمير إذا ما تصاهلت لم يرتق صهيلها الى صهيل الخيل. وكذا صهيل المستطرقين بالوعظ

وقوله(١):-

انـــــت حجـــــي واعـــــتماري   انـــــت احرامـــــي وحـــــلي

يبدو تنافر الدوال هنا جليا للعيان لسببين: الاول هو تعارض الدوال فيما بينها من حيث الزمن والتادية، فالحج وقته محدد ومعلوم، على النقيض من العمرة التي تؤدى في كل وقت. فضلا على كون الاحرام جزء من فريضة الحج، والثاني هو ان الدوال التي وصف بها المحبوب (انت) تتنافر على وفق الدلالة السطحية التي يعنيها البيت والتي تتمحور بجمع ما لا يجمع في شخص واحد في وقت واحد.

هذا التنافر جعل البيت يحمل سمت التنافرية التي يصطدم بها القارئ على وفق القراءة الاولى (الاستكشافية). ولكن محاولة الكشف عن ما هو مخبوء وراء ستر قراءتنا الثانية، تتضح لنا الدلالة الحقيقية في بنيتها العميقة، والتي تكمن في عدم انفلات محبوبه من ذاته، بل انه كل شيء لديه. فهو عزيز عليه قريب منه، على الرغم من جفائه له. حتى بدا يشبهه بالاشياء الحسنة التي يرغب أي شخص منا تحققها فيه. فهي اوصاف انصهرت في كتلة الايجاب واصبح مجموع ذلك كتلة واحدة على المستوى العميق. فاذا ما اردنا اعادة تركيب البيت باكمله وكشف بنيته الدلالية، نجد طغيان الدلالة الايجابية التي تتماشى مع الحبيب الذي يريده الشاعر على الرغم من صده اياه. وبذلك يتلاشى التنافر في البيت على المستوى العميق الذي يبغي في طياته القبول.

(١) الجواهر المضيئة القرشي نقلا عن اخبار الظراف والمتماجنين ابن الجوزي تقديم وتعليق السيد محمد بحر العلوم منشورات المكتبة الحيدرية - مطبعة الغري الحديثة - النجف - ط/٢ - ٣١/١٩٦٧.

وقوله[1]:

عجبــــت مـــــن ابلــــيس في نخوتــــه   وخبــــث مـــــا اظهـــــر مـــــن نيتـــــه
تــــــاه عـــــلى ادم في سجـــــــدة   وصـــــــار قـــــوّاد لذريتــــــــه

يتراءى لنا ان التنافر هنا حصل بسبب الدوال المتنافية لواقع حالها، أي من حيث مجيئها في سياقات مالوفة. وهذا يتضح في كون الشاعر الصق صفة النخوة التي تطلق في الخير ولمن له الاهلية في تقديم المساعدة بابليس الذي يفتقد هذه الخاصية المستحبة، فضلا على كونه يحمل في داخله النية التي تتعارض مع سجيته في الاغواء والفساد في كل وقت، هذه الدلالة هي ما ارشدتنا اليه قراءتنا الاولى على المستوى السطحي، ولكن إذا ما حاولنا التخلص من هذا المدلول الى مدلول اخر بفضل قراءتنا الجديدة، فان سمة التنافرية سوف تتلاشى، ويصبح البيت وحدة دلالية على المستوى العميق. لان العبور من المدلول الاول الى المدلول الثاني واحلاله نيابة عنه، ليس (عبورا من مفهوم الى اخر، وانما من مفهوم الى صورة.. وبذلك يخرج الكلام الشعري عن مجرد الوظيفة الابلاغية الى الوظيفة التاثيرية)[2].

لذا يتضح لنا بفضل هذه القراءة الجديدة، ان ابليس على الرغم من خبثه واغوائه للناس يمتلك في الوقت نفسه النية في تبيت الخبائث وكذلك النخوة في تقديمها، ليزداد بذلك قيمة خبثه وسيطرته على الناس الا المؤمنين منهم.

(١) مقامات ابن الجوزي / ٢٣٢.
(٢) ظاهرة العدول في البحوث الاسلوبية المعاصرة – عبد الله صولة – مجلة دراسات سيميائية ادبية لسانية – المغرب – ع ١ – ١٩٨٧ / ٦٦ – و شعر عمر بن ابي ربيعة – دراسة اسلوبية – دكتوراه / ٢٥٤ .

هذا التوظيف للثنائيات المتنافرة هنا، فيه نوع من الغموض المقبول الذي يجعل المعاني (مثيرة للتعطش في نفس القارئ فيحس وهو يقرأ انه يلمس المعاني ولا يلمسها في الوقت نفسه. فالافكار تزوغ ولا تثبت وفي القصيدة ايماء الى المعنى يبقى الذهن متطلعا ويريد ولا يلمس ما يريد وينال شيئا وتفوته اشياء)[1] وهو ما لمسناه هنا. حيث اننا نمسك بالمعنى تارة، وينزلق منا تارة اخرى، الى ان نصل الى المعنى الطاغي والمتحقق فيه (البيت). لذلك نرى ان (الغموض والابهام ومجافاة المنطق وحتى الرتابة قد تسهم في بعض الحالات في خلق القيمة الاستطيقية.)[2]وهذه القيمة تحققت هنا بتمويه الدلالة على القارئ.

وقوله[3]:-

ميلك عن زهو وميلي عن اسى ‏ ‏ ‏ ما طرب المخمور مثل الثاكل

ينهض هذا البيت على اساس المقارنة التقابلية بين ميل الشاعر الجبري وميل الحبيب العفوي. وهي منافرة لفظية لا تسوغ ترجيح دلالتها، الا ان العجز ينبئ بوجود تنافر يقضي بانزياح لغوي شعري عما هو مالوف لمقاربة شيئن متباعدين بلازمة التشبيه المنفي بـ (ما). اذ ان قران الطرب بالمخمور حالة متعارف عليها، لان المخمور يصاب بحالة عدم السيطرة والتحكم بعقله، فتبدو تصرفاته غير طبيعية خارج حدود السمة الاخلاقية، منها الطرب والغناء والتلفظ بما لا يليق من الالفاظ، كونه في نشوة الغفلة. ولكن قران الطرب بالثاكل امر فيه من اللامقبول. لان الثاكل المتوجع لامر ما، ينوح بالبكاء وما ينجم عن ذلك من حزن وكآبة تحول عليه الطرب المقترن بالفرح. لذا فان

(١) سايكلوجية الشعر – ومقالات اخرى – نازك الملائكة – دار الشؤون الثقافية العامة – بغداد – ١٩٩٣ / ٣٢ .
(٢) مفاهيم نقدية – رينيه ويليك – ترجمة – د. محمد عصفور – مطابع الرسالة – الكويت – ١٩٨٧/ ٤٤٢ .
(٣) الذيل على طبقات الحنابلة – ١/٤٢٣.

التضاد الملموس في الصدر، على الرغم من سلبيته (الايجاب × السلب = السلب) يكون اهون من التضاد في العجز لسببين: الاول – التضاد اللغوي بين المخمور والثاكل. والثاني – اقتران الطرب بالثاكل أي (الفرح بالحزن).

وبامتشاح اواصر البيت دلاليا. يتضح طغيان الدلالة السلبية فيه، وتمثيلها تقريرية الحالة للقصيدة الشعرية كلها التي تصب في البعد عن الاهل والديار. لان الدلالة الشعرية فيها (تؤدي الى توليد دلالات اخرى غيرها لم تكن حاضرة في النص)[١] وهذه الدلالة (السلبية) هي الغالبة، وهي التي مثلت هذه التقريرية.

ويمكن توضيح مجريات طغيان الدلالة السلبية على وفق الخطاطة الاتية:-

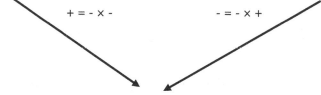

الايجاب × السلب = السلب   السلب × السلب = ايجاب

+ × - = -   - × - = +

السلب × الايجاب = السلب / الدلالة الطاغية كي تتناسب وحالة البعد

- × + = -

وقوله[٢]:-

كـــان الكـــرام وابنـــاء الكـــرام   تســـامعوا لكـــريم نالـــه عـــدم
تســـابقوا فيواســـيه اخـــو كـــرم   مـــنهم ويرجـــع بـــاقيهم وقـــد نـــدموا
فـــاليوم صـــاروا يعـــدون النـــدى سرفـــا   وينكـــرون عـــلى المعطـــى اذا علمـــوا

---

(١) تشريح النص /٦٩ .
(٢) مقامات ابن الجوزي / ١٧١ .

توحي هذه الابيات منذ الوهلة الاولة للقارئ، بوجود انزياح شعري احدثه متنافران اثنان يعـودان الى مرجـع واحـد، هو (الكرام). ويكمن التنافر بين (الايجاب – الماضي × السلب – الحاضر). حيث يمثل الماضي مرحلـة الزهـر والخـير والبهجـة لنهج الكرام وابنائه نهج الكرم ومساعدة المحتاج. الا ان حضوره يضمر بما فيه خيره بسبب سيطرة الحاضر غير المجدي نفعـا، وذلك بامتناع الكرام عن السير في نهجهم الاولي من المساعدة وتقـديم الخـيرات. فهـم ينكـرون عـلى احـدهم اذا مـا اعطـى محتاجا. أي ان الدلالة السلبية (الحاضر) هي الغالبة هنا، على الرغم من تاخرها عن دلالة الايجاب في البيتين الاولين

كرماء – بخلاء

ماضي – حاضر

فالانزياح حصل بفضل انشطار الواحد (الكرام)، لتحميله صفتين متنافرتين (كرم – بخل).

المبحث الثاني

١.تكرار المعاني:

يضع الشاعر في اعتبارات تنظيم سياقه النصي، عرض افكاره المنتمية لموقف وتجربة خاصة. ويعوّل نقل هذه الافكار الضامة للتجربة، على الدال الشعري (الفني المميز). حيث تاتي شدة التجربة والموقف الذي مر به الشاعر، دافعا محفزا الى شحن سياقه بدوال ايحائية معبرة (تضيف شيئا اخر الى المدلول العادي للالفاظ)[١]في ضوء انتمائها لسياق تركيبي محدد، ليدل ذلك على كون الخطاب الشعري المتاسس من كيانه اللغوي لا يتشكل مجمله ويتنامى بلزومية تفضيل الدال على المدلول او العكس، وانما باشكال بعضه مع بعض. فالمدلول لا يخرج الى حيز تحقيق مراميه ويبصر النور، الا بالاستناد الى الدال اللساني. حيث ان (كل فكرة او معنى او مدلول يتخير الدوال الصالحة للتعبير عنه)[٢]، بل انه قد يمثل تعبيرا صريحا عن (خبرات معينة مر بها هذا الفرد ازاء هذا اللفظ اثرت فيه بطريقة ما، حتى شكلت تعبيره اللفظي لمفهوم ما بصورة معينة وبالتالي كان اللفظ لا يدل بنفسه، بل بارادة اللافظ)[٣]، لينجح بذلك الشاعر في

---

(١) قواعد النقد الادبي / ٣٨ –و- اللغة الشعرية – محمد رضا مبارك / ٦٠ – و – عضوية الموسيقى في النص الشعري – د. عبد الفتاح صالح نافع – مكتبة المنار – الاردن - ١٩٨٥ / ٣٣ .

(٢) اضاءة النص / ١١٣ – و- علم النفس اللغوي / ٣٩ –و- اصول النقد الادبي – احمد الشايب -، القاهرة – ١٩٤٦/ ٢٤٧.

(٣) علم النفس اللغوي / ٣٩ –و- التركيب اللغوي للادب / ٤٦ .

تحريك خيالات قرائه، بل السيطرة عليها، وجعلهم يعيشون معه تجربته. وذلك بجعل تجاربهم الخاصة محاكاة وتقليدا لتجاربه ... [١]

)هذه الدوال اذا ما جيئ بها بتواتر تكراري على مدار المتن او المجموع الشعري، لم يكن مجيئها شيئا اعتباطيا، وانما لتسليط الضوء على مكمن خاص مكنون في داخل الشاعر يريد الافصاح عنه.

هذا التكرار الملحاح لدوال بعينها يدخل في اطار الرمز الشعري* الذي هو(مثير بديل يستدعي لنفسه نفس الاستجابة التي قد يستدعيها شيء اخر عند حضوره)[٢] ويعود استخدام هذا الاسلوب (الرمز)، الى كون الفكرة التي يعبر عنها بصورة تقريرية مباشرة تكون مطولة لا جدوى منها. أي انها ذات توصيل ركيك، اما عندما يستخدم الرمز، فان التعبير يصبح اكثر حيوية وكثافة في ايراد الفكرة. ويكون ذا تاثير وجداني على القاري[٣] ويعود ذلك اساسا الى ميل الرمز الى الايجاز النافع الذي يخدم الفكرة في

(١) قواعد النقد الادبي / ٣٤.

* يذكر محمد الكنوني - إنّ الالحاح على الرمز وتكراره في عدة مواضع على طول المتن الشعري مع اثارة السياق الدلالي العام نفسه يدعونا الى عده رمزا / اللغة الشعرية - دراسة في شعر حميد سعيد - محمد كنوني - دار الشؤون الثقافية العامة - بغداد - ١٩٩٧ / ٢٧٩ .

(٢) علم الدلالة - احمد مختار عمر / ١٢ -و- دراسات في الادب العربي - د.مصطفى ناصف - الدار القومية للطباعة والنشر - القاهرة / ١٣٢ -و- الحركة والسكون - ٣٠٧/٢ -و- النقد والاسلوبية / ١٨٢ -و- في حداثة النص الشعري - دراسات نقدية - د. علي جعفر العلاق - دار الشؤون الثقافية العامة - بغداد - ١٩٩٠ / ٥٥ وما بعدها .

(٣) في حداثة النص الشعري / ٥٦ -و- اللغة في الادب الحديث - الحداثة والتجريب - جاكوب كورك - ترجمة - ليون يوسف وعزيز عمانوئيل - دار المامؤن للترجمة والنشر - بغداد - ١٩٨٩ / ٩٣ .

النص، لا ليزيد النص غموضا وابهاما، ويجعله كطلاسم سريالية يصعب فك رموزها*. الا اننا على الرغم من ذلك لا نبغي الخوض في مضمار دائرة الرمز، رغم اهميتها. وانما نسلط الضوء على الدوال اللسانية المكررة في تضاعيف الخطاب، والتي تحمل دلالات خاصة على نحو لافت للنظر.فبعد قراءتنا شعر الشاعر ومقاربتنا هذه الدوال، وجدنا انها دوال ماساوية تنذر بالسوداوية والعتامة، وانها تتوزع في تضاعيف الشعر بنسبة ورود عالية. حيث رصدنا اكثر من (مئة وعشرين) دالا يصب في هذا القسم. الا اننا ارتاينا الوقوف على الامثل منها، والتي تشكل اعلى نسبة من بقية اقرانها، والتي لها حضور فعلي على صعيد الافصاح عن المكنون النفسي للشاعر، لتواتر مجيئها في سياقات دلالية تزيد من قيمة وجودها في حيز الخطاب، وهذه الدوال تتضح في الجدول الاتي:

	الدال	نسبة وروده
مادي	البكاء	١٢
	الدمع	١١
معنوي	الموت	١٤
	الذنب	٩

* نستطيع ان نقول ان الغرض من الرمز هو الاخفاء من دون الاظهار والايضاح فالرموز ليست اخفاء للاشياء من اجل البحث عنها وليست نوعا من التعبير عن الذات يوافق القواعد الاخلاقية وربما لا يكون الشيء الغامض في الرمز هو الفكرة التي تقع من خلفه ولكنه مساق الدلالات الضمنية التي تسكن هذه الفكرة ، فالفكرة تدخل في علاقات متعددة متطورة تكون لا يمسك منها في وقت واحد الا شيء قليل ، فالخاصية الحقيقية للتعبير الرمزي ليست هي الغموض او السرية ولكنه الالتباس وتنوع التغيرات الممكنة حتى نجد معنى الرمز بتغير تغيرا مستمرا / دراسات الادب العربي / ١٣٢-١٣٣ .

ويمكن بعد ذلك ان نضع ايدينا على بعض الامثلة لبيان قيمة الدوال ومغزى مجيئها.

أ. مــادي:-

منها قوله[1]:-

ويـــبكي فـــابكي رحمـــة لبكائـــه   اذا مـــا بـــكى دمعـــا بكيـــت لـــه دمـــا

تلاحمت مفردات البيت المعبرة والمصاغة في نسيج تركيبي مقتدر، وتحت وطاة التازم النفسي، في رسم ملامح لوحة مأساوية تتشظى منها رؤى دلالية ايحائية، ووقع ايقاعي ملموس. أي امتشاج المستويين (الصوتي - التركيبي) لافراز الدلالـة، فالكلمات (ينبغي ان توضع في مجاميع من شانها ان تولد حيويـة. وواضح ان هـذا يمكـن ان يتـاتى مـن العلاقـة النحويـة او الصوتية التي يمكن ان تولّد انماطا دقيقة واصلية لا تخلو من معنى تماما)[2] وهذا كله ناجز عن تكرار مفـردة (بـكى) خمـس مرات، وهي مفردة تنذر بالشؤم والكابة لامر سيء قد حصل، على الرغم من مجيئها في حالات عدّة مقترنة بـالفرح. فوجـدنا ان التماثل الصوتي قد انصهر مع التماثل الدلالي في بودقة تكوين صورة البيت. وهي متمثلة بعقـد موازنـة بـين بكـائين الاول بكاء مادي ملموس ولازمته (الدمع) اولا، وبكاء معنـوي ولازمتـه (رحمـة ... دمـا) ثانيـا. فـالتكرار هنـا لم يفـتر الصـورة ولم يجعلها ثقيلة مملة، بل انه حرّك المتلقي في استقبال مكنوناتها. فمفردة (بـكى) لم تحمـل مـؤشرا دلاليـا عائمـا في حيـز البيـت حسب، وانما تحمل اشارات عميقة لعمق دلالتها عند الشاعر. فبكاء الشاعر متجذر مـن معاناتـه ولـيس مـن قبيـل الموقـف الذي يصادفه او

(1) سراة الرسان -٨/ق٢ - ٢ / ٤٩٣.

(2) اللغة في الادب الحديث الحداثة والتجريب / ٢١٠ .

صادفه. (أي انه دائم البكاء)، بدلالة ان البكاء هنا لازمته الدم وليس الدمع. وهي دلالة على نفاذ الدمع منه لكثرة شكواه ومعاناته التي تبيح استحضار الدمع، حتى لم يبق ما يفرزه جراء بكائه من الدمع فعوض عنه بالدم الذي يعز على احد التفريط به. فمفردة (بكى) حملت دلالات ابعد من مجرد التعبير عن الحزن الاني. وهو ما ينطبق عليه قول محمد رضا مبارك: (هو ان يكون اللفظ القليل مشتملا على معان كثيرة بايماء اليها او لمحة تدل عليها)[1] فلازمة الدم (بكيت له دما) تلميح وايماء بعمق الاثر في اوصال الشاعر.

وقوله[2]:-

وابـــك فــما في العـين مـن فضـلـة	ونـب فـدتـك الـنفس عـن مـدمعي
اذا تذكـــرت زمانـــا مضـى	فـويح اجفـاني مـن مـدمعي

ينبثق في البيت الاول هاجس الشاعر ورؤيته الخاصة، بتحويل فعل البكاء واسقاطه على المخاطب، لينوب عنه بالبكاء. مما يفرز دلالة الحزن والاسى المتشبث به، والتي لم تدع له فرصة البكاء لاستفحال الحالة. وهذا يتضح على نحو ملموس من التضافر الاسلوبي بلازمة الامر. وذلك في مستهل كل من الصدر والعجز (وابك، ونب). فالبكاء يمثل المحور المكون للدلالة (الحزن)، وذلك للفجوة العميقة المتسمة بالبعد المكاني بين ذات الشاعر واهله.

فالشاعر عاجز عن تحقيق غايته بالوصول الى مبتغاه (اهله)، فيسقط تمنياته على المخاطب لينوب عنه بتحقيق ما يتمناه. فيطلب منه ان ينوب عنه بالبكاء عليهم (اهله)،

(١) اللغة الشعرية / ٥٥.
(٢) الذيل على الروضتين / ٢٤.

لان عينه لم تعد تحوي بكائه. وما مجيء لازمة البكاء (العين) وقرينتها (الدمع)، الا لتدعيم الدلالة في البيت كي تتقوى ولا تتبدى وتخرج عن فيض عرض مغزاها (الحزن) بدلالة البعد. الا ان مجيء البيت الثاني (اذا تذكرت زمانا ...) بعد ثلاثة ابيات، يفضي بتقرير الدلالة وتدعيمها. فالبيت يمثل تقريرية مباشرة لحالة الشاعر بعد اسقاط تمنياته العاجز عن تحقيقها على المخاطب الذي مثل معادلا للمتكم (الشاعر). وذلك بعد سلسلة متواشجة لهذا الطلب الى ان استقر المطاف بتقرير لزومية اقتران الدمع بالذكرى. وهذا بيّن من جملة جواب الشرط العائدة الى الفعل (تذكرت). وهي (فويح اجفاني) فاذا ما تذكر الشاعر احبابه واهله فقد تترتب على جفونه ان تتحمل عبء الدموع المتاتية من الذكرى. أي انها حالة اقتران شرطي.

ذكرى - دمع = دلالة حزن

وقوله[1]:-

وابك الذنوب بادمع - تنهل من سحب الماق

ترتسم في هذا البيت تراكم الدوال المأساوية المتواشجة في نسق الصدر، لتدعيم الفضاء الدلالي الذي يندرج تحت سقف (الزهد).

فالشاعر هنا يخاطب ذاتا افتراضية هي في اساسها صورة معكوسة لذاته، ويطلب منها البكاء على الذنوب التي اقترفتها بادمع غزار. وهذا واضح في قوله (تنهل من سحب). فالنهل معناه تدفق الشيء (ماء - دمع.) بغزارة كثيفة واقترانه ها هنا بالسحب التي تمتلك خاصية الجمع للشيء (الماء) وتكثيفه، هو لاكمال نصاب الدلالة التي تحركها لازمة الدمع. فالدمع هنا اقترن بالسحب نيابة عن المطر، كي يشغل مساحات واسعة

(١) مراة الزمان - ٨ / ق٤٨٣/٢ .

من ارض الذنوب. وهي دلالة على سعة الذنوب التي تقضي بافراز الدموع. وما مجيء (الذنوب - ادمع) بصيغة الجمع، الا دلالة على عمق تازم حالة الشاعر بكثرة خطاياه وتانيب ضميره له. فلو قال: (وابك الذنب بدمع) لكان اقل وطأة من الجمع الذي يوحي بكثافة الشيء وكثرته.

هذه الدوال بجمعها (الذنوب - ادمع) وشدة وطأتها. عملت في نهاية الامر على تاطير صور البيت الشعري الداخل في السياق بقناع المأساة، الداخل بدوره في الزهد بفنية خاصة.

وهذه عموما حال الصوفية والزهاد، من حيث وصف انفسهم باعلى درجات الذنوب والمعاصي.

ب.معنوي:

هذا النوع الباني للماساوية والمتاصل في لازمتي (الموت، الذنب)، تاتي افضليته بما يمتلكه من دلالات ضبابية تحرك خيال القارئ، وتفوق الدلالات المتسمة بالسطحية للنوع الاول (المادي). فالبكاء وقرينته الدمع يزولان بانتفاء ملابسات الحالة التي دعت الى ذلك، بينما تفضي دلالة (الموت - الذنب) بالعدم. أي عدم اقتراف الذنب وانتهائه وغياب الموت المتاصل بالفناء بلا رجعة.

وبادئ ذي بدء. يتضح لنا بعد قراءتنا لاشعار ابن الجوزي، وفصل الاشعار الخاصة بهذا النوع (المعنوي)، انه سلك فيه طريقين احدهما متلبس برداء الحسرة والتوجع جراء فراق الاهل، والاخر متلبس بالزهد، من حيث ندم الشاعر على ذنوبه التي اقترفها في دنياه.

١.الحسرة والالم:

يدخل هذا الشكل في اطار وجود لازمة تدفع لتكوينه. وهذه اللازمة هي نأي الاهل عن الشاعر، وما يؤول عنه من دلالات حزينة تلازم نفسيته

ويمكن ان نقدم في ذلك قوله[١]:-

من يوم ودعتموني	ودعت لذات الهوى
وقلت للنفس موتي	قد ماتت اللذات
وان قضى لي ربي	اموت ولا انظر شخصكم
وجاء نذيري اليكم	يقل لكم قد مات

ان التراكم المتاتي من تكرار المفردات (ودّعتموني - ودّعت - موتي - ماتت - اموت - مات - لذات - اللذات)، ساعد الوظيفة التكرارية على تحقيق وحدة ايقاعية متزنة، الا انها متسمة بالتراخي والبطء اولا، وحفز المؤشر الماساوي لدلالة الدال (الموت) ثانيا. فالمفردات المتراصة اثرت الابيات دلاليا بجمعها حزم الاضواء المتلاشية، وتسليطها ضمن سياق منظم، لتحقيق متطلبات الصورة وتدعيمها. فالصورة تكمن في وجود صراع نفسي محتدم يخوضه الشاعر مع نفسه. بسبب نأي اهله واصحابه عنه. حيث جعل منه الفراق انسانا يائسا لا يقوى على العيش بدونهم، فتصل به الحالة الى طلب الموت لنفسه. والموت هنا اسمى شيء عنده، وهو في موضع مقارنة لوداعهم. فالوداع قابلة الموت ولا بديل غيره.

واذا ما تلمسنا طبيعة الاقتران المتداخل في الابيات. وجدنا انهم بتوديعه اياه ودع اللذات، وبموت اللذات امر نفسه بالموت. واستمرارا في سلسلة الابيات، فان النتيجة

(١) كتاب التراث الشعبي - ديوان الكان وكان / ٧٥-٧٦.

تاتي بعدم الجدوى من اللقاء، وذلك لمجئ النذير وابلاغه بانه مات. عندها تكتمل صورة الحسرة بماساوية الفناء (الموت)، لتاطير الدلالة العامة في النص التي تتاصل بالبعد المكاني والروحي عن الاهل. وهذا كله نابع من امتلاك مفردة (الموت) خاصية ذاتية بمجيئها ضمن سياق تركيبي اعطى لها بعدا اخر، تناسبا مع دلالة القصيدة. وهذه الخاصية تتمثل في كون الموت هنا لم يحصل تلقائيا، بل بطلب منه أولا، وكونه يمثل موتا معنويا لنفسية الشاعر المجروحة ثانيا. لذا فانها مفردة أدت دورا في تحريك دلالات النص وتدعيمها. أي ان (العلامة الشعرية - كلمة - او جملة تعد نموذجا تتولد عنه الدلالة الكلية للقصيدة)[1]

وقوله[2]:

شـــقينا بـــالنوى زمنـــا فلـــما ... تلاقينـــا كانـــا مـــا شـــقينا

ســـخطنا عنـــدما جنـــت الليـــالي ... فـــما زالـــت بنـــا حتـــى رضـــينا

ســـعدنا بالوصـــال وكـــم ســـقينا ... بكاســـات الصـــدود وكـــم ضـــنينا

ومـــن لم يحيـــى بعـــد المـــوت يومـــا ... فانـــا بعـــدما متنـــا حيينـــا

يمثل البيت الاخير خلاصة المعنى للمقطوعة جميعها، وذلك بتمحور الدلالة وتمركزها فيه عبر تضمينه مقارنة موحية بين ما هو حقيقي وغير حقيقي.

فالابيات الثلاثة الاولى تحمل في طياتها معاني سطحية، يستجليها القارئ بسهولة، من حيث انها تتمحور حول القطيعة والبعد، مقابل الوصل والقرب. فالشاعر على الرغم من ماعاناه من شقاء جراء بعده عن اهله، نفى هذا الشقاء بمجرد ان التقى بهم،

(١) إضاءة النص /١١.

(٢) مراة الزمان - ٨/ق ٢/٤٥٩-٤٦٠.

ومسح من ذكرياته الاثار الحزينة. وهذا يتضح في البيت الاخير. فالصدر يمثل فيه الدال (الموت) موتا حقيقيا فلا حياة بعد الموت، الا ان موته في العجز موت معنوي يزول بزوال مؤثره البعد. فهو يحيى بعد موته بسبب لقائهم. فالشاعر هنا مقترن بحالتين: البعد - الوصل.

فراقهم - موت.

وصالهم - حياة.

وفي ختام هذا الايضاح، يمكن القول ان موت ابن الجوزي هو موت معنوي يتمخض عن حالة الانشطار النفسي للبعد الذي يعانيه، وان هذا الموت ينتفي لزومه اذا ما حصل العكس (الوصل).

وليس مجيئه في سياقات النص بتناثره هنا وهناك او تراسلية تواتره، الا لتحميل الدلالات السياقية اطرا امثل ومجالات اوسع لما يحمله (الموت) من معان ماساوية ايحائية داخل التنظيم التركيبي للنص. لان الدلالة الايحائية المتسمة بالخفاء (ليست صريحة في اللفظ. اذ لا يدل عليها بالوضع اللغوي ولا بالدلالة الصوتية الظاهرة وان كان للصوت ايحاء وظل دلالي ايضا، وانما يدل عليها اللفظ عن طريق الظل الذي يلقيه)[1] فالموت مفردة ايحائية لها ظلالها الخفية بحسب اقباعها في سياقات خاصة يرتضيها المبدع لعرض فكرته.

٢. الزهد:

يلجأ الشاعر في هذا الشكل الى شحن خطابه بدوال معبرة عن انكساره النفسي- لسيطرة الخطايا والذنوب عليه. فيحاول ان يأسف على ذلك محاولا اجلاء الذنوب

(١) الدلالة في البنية العربية بين السياق اللفظي والسياق الحالي - د. كاصد ياسر الزيدي - اداب الرافدين - ع - ٢٦ - ١٩٩٤/١٢٥ .

بالدموع والبكاء وطلب السماح. وهذا الشحن التكثيفي للدوال هو ما يرتايه الاسلوبيون لكشف مغزاه، وذلك بسبب نجاحه (في اصابة مكامن الحساسية المتاثرة لدى القارئ المتقبل)[1]

ويمكن ان نضع ايدينا على مثال تمثل فيه الدوال (الماساوية) باختلافها، طاقة الشحن الدلالي، ولكن عائديتها ترجع الى الدال الذي مثل البؤرة في المقطوعة وهو (الذنب) وهي[2]:

فـــوا اســـفي عـــلى عمـــر تولـــت لذاذتـــــه وابقـــــت قـــــبح عـــــار

فـــنحن اليـــوم نـــبكي مـــا فعلنـــا وكيــــف ؟ وكـــم وقعنـــا في خســـار

ولـــيس لنـــا ســـوى حـــزن وخـــوف ونــــــدب في خضـــــوع وانكســـــار

تعـــالوا نبـــك مـــا قـــد كـــان منـــا وقومـــــوا في الـــــدياجي باعتـــــذار

ومــــا شيء لمحــــو الــــذنب اولى مــــن الاحـــزان والـــدمع الغـــزار

يشكل هذا المقطع تراكمية الاسماء والافعال الدالة على الماساوية، والقابعة في سياق تركيبي يصب في محورية الندم على الذنوب والافعال المخطوءة التي بدت من الشاعر، حتى اعلن جراء ذلك خوفه وحزنه وبكائه ...

واذا ما انطلقنا في هذا المقطوعة احصائيا، وجدنا غلبة الدوال الماساوية التي تحقق بتواشجها في اطار السياق النصي تحريك دلالة المقطوعة. وهذه الدوال توزعت بين مادي وحسي، الا انها تتمحور حول الدال الامثل للندم وهو (الذنب)، وهي (قبح عار -

---

(١) الاسلوبية والاسلوب - المسدي /٨٠ .

(٢) التحفة البهية والطرفة الشهية - ابن الجوزي - نقلا عن - الشعر العربي في العراق من سقوط السلاجقة حتى سقوط بغداد - عبد الكريم توفيق العبود - دار الحرية للطباعة - بغداد - ١٩٧٦ / ٢٦٠ .

نبكي ما فعلنا - وقعنا في خسار- حزن - خوف - ندب - خضوع وانكسار - نبك - الدياجي باعتذار - الذنب - الاحزان - الدموع الغزار).

فهذه الدوال بمحتواها الإيحائي وتحركها في حيز المقطوعة التي انبثقت حركتها الدلالية من مفتتح القصيدة في البيت الأول، قد التفت حول نقطة الذنب الأمثل للندم في البيت الأخير (وما شيء لمحو الذنب .....).الذي مثل نهاية التقريرية المباح عنها فالشاعر يأسف على عمره الذي قضاه في اللهاث وراء اللذات واللهو، حتى لم تبق فيه سوى العار، فبدأ عنده الخوف والحزن على ما فعله، والزم نفسه البكاء وافاضة الدمع الغزير كي يمحو ذلك الذنب.

٢-تبادل الضمائر:-

تاتي دراستنا في هذا القسم على نوعين:-

أ-تبادل خارجي (الالتفات)

تقوم الاسلوبية في اساسها على فكرة العدول في الخطاب الشعري وبمستوياتها الثلاثة (الدلالي والتركيبي والصوتي)، متمثلا في الخروج (عن الاستعمال العقلي الذي توفره اللغة الى الاستعمال العاطفي الذي توفره العبارة) (١)

والالتفات بوصفه مظهرا من مظاهر العدول الاسلوبي، ووسيلة مهمة من الوسائل البلاغية التي نالت حظا وافرا من الدراسة والاهتمام، ينطوي على اشاكلية انتقاله ضمن حدود النص من اسلوب الى اخر. فهو يتحرك في ضوء (التكلم والخطاب والغيبة) أي ينتقل (من خطاب الى غيبة ومن غيبة الى خطاب، الى غير ذلك من انواع

(١ف)كرة العدول في البحوث الاسلوبية المعاصرة - عبد الله صولة- مجلة دراسات سيميائية ادبية لسانية- المغرب- ع- ١-١٩٨٧/٧٤ .

الالتفاتات)[1] التي تدخل في اطار الانتقال، منها الالتفات المنتقل من التذكير الى التانيث. اومن الافراد الى التثنية او الجمع، او انه يتنقل من التعريف الى التنكير والاخبار عن الماضي، بصفة المضارع او الاخبار عن المستقبل بصيغة الماضي....[2]

هذا الانتقال الذي يمثل قطيعة السياق، ينطبق مع السياق الريفاتيري الاسلوبي الذي هو (نموذج لساني مقطوع بواسطة عنصر غير متوقع، والتناقض الناتج عن هذا التداخل هو المنبه الاسلوبي)[3] وبوساطة هذين العنصرين المتصادمين داخل حدود النص تكمن القيمة الاسلوبية.

حيث ان الانتقال الذي يحصل كما يذكر الزمخشري يكون (احسن تطرية لنشاط السامع وايقاظا للاصغاء اليه من أجرائه على اسلوب واحد)[4] لان السامع قد يمل من السير على وتيرة واحدة باتباع اسلوب واحد فيعرج الى اسلوب اخر تنشيطا له في الاستماع واستمالة له في الاصغاء، وكونه ياتي بغير المتوقع لدى القارئ فيؤدي الى حالة من التيقظ الذهني العقلي[5] وهذا الشكل من اشكال الصياغة يعين ذا الموهبة الصادقة،

---

(١) البلاغة والاسلوبية - د.محمد عبد المطلب- الهيئة المصرية العامة للكتاب- القاهرة- ١٩٨٤/٢٠٥ .

(٢) الاسلوبية - مدخل نظري ودراسة تطبيقية - د.فتح الله احمد سليمان- الدار الفنية للنشر والتوزيع- ١٩٩٠/٢٢٩-و- البلاغة والاسلوبية/ ٢٠٥ -و- اسلوبية البناء الشعري - دراسة اسلوبية لشعر سامي مهدي/ ١٠٤ .

(٣) معايير تحليل الاسلوب / ٥٦ .

(٤) نقلا عن - خصائص التراكيب- د.محمد ابو موسى- دراسة تحليلية لمسائل علم المعاني- مكتبة وهبة- القاهرة- ط١-١٩٨٠/١٤١ .

(٥) الاسلوبية- مدخل نظري ودراسة تطبيقية/ ٢٢٩- والبلاغة والاسلوبية /٢٠٦ .

على الايحاء بكثير من الاسرار واللطائف، ويلفت المتلقي الى كثير من المزايا التي يحتويها[١]

هذا العدول الضمائري في النص لا يحصل مصادفة، وانما هو برنامج اسلوبي يخطط له المرسل تحقيقا لغايات معينة في أطر النص دلاليا. لذا يجب علينا رصد كل تلك التبدلات الطارئة على مسيرة الضمائر، لمعرفة مغزى ورودها بشكلها هذا، ومدى تحقيق اهدافها المرسومة، وذلك بمعرفة قدرتها على التوصيل والتاثير من جهة، ومدى نجاحها واخفاقها من جهة اخرى[٢]

بعد هذا التوضيح نضع ايدينا على مجموعة من الامثلة التي تبين مجريات السياق الضمائري المسمّى (الالتفات) في شعر ابن الجوزي، ومدى اهميته في تعضيد وحدة النص دلاليا. نذكر منها[٣]:

تملكــــــــوا واحتكمـــــــــوا ... وصـــــــار قلبـــــــي لهـــــم
تصرــــــــفوا في ملكهــــــــم ... فـــــــلا يقـــــال: ظلمـــــوا
ان واصــــــلوا محـــــبهم ... او قطعــــوا فهـــــم هـــــم
يـــــاارض ســـــلع خـــــبري ... وحـــــدثيني عـــــــنهم
اصـــبر عـــلى مـــا شـــاءوا ... وان ســـاء الـــذي قـــد حكمـــوا
ياليــــت شـــعري اذ حـــدوا ... أأنجـــــدوا ام اتهمـــــوا

(١) خصائص التراكيب / ١٩٤ .
(٢) تبادل الضمائر وطاقته التعبيرية- د.محمد نديم خشفة- مجلة البيان الكويتية- ع- ٢٩٢- تموز- ٢٠/١٩٩٠ .
(٣) الذيل على طبقات الحنابلة – ٤٢٤/١ .

تشـــــــتاقهم ارض منــــــــى   وتشـــــــــــــتكيهم زمـــــــــــزم

ان نبرة المعاتبة والنكران تبدو واضحة في سياق هذه المقطوعة، حيث ان الشاعر ينكر على هؤلاء قطيعتهم وجفاءهم واستبدادهم في رايهم وظلمهم. هذا النكران المتاتي من سياق الدلالة ينبثق من العدول الضمائري عبر انساقه الثلاثة (هـم- انت (انا) – انا). فاستهلال المقطوعة ينم عن حضور وطغيان ضمير الغيبة (هم) الذي شكل بتواتره المستفيض راس الدلالة التي تلتف عليها معالمها لاكتمال نصابها. ويتحقق ذلك بكسر ضمير الغيبة (هم) بضمير الحضور (الخطاب -انت)، الـذي مثل بدوره حضورا افتراضيا، لكونه يمثل الوجه الحقيقي لـ (انا) الشخص (الشاعر)، ويكسر بعدها ضمير الخطاب (انت(انا)) الى ضمير المرجعية الاصلي (انا الشاعر) الذي يعاني الغربة والبعد والقطيعة   والجفاء.

بعدها يعاود سياق النص الى الضمير (هم)، كي لا تنفلت الدلالة، بل تصبح رهينة هذا النسـج. فالدلالة المستهلة في اول المقطوعة تنامت في وسطها ونهايتها، وهي تكمن في كون التصرف الذي يقبلون عليه (القطيعة - الظلم....) قابله الصبر الذي يمثل مفتاح القوة بوجه الصعاب، ولكن من دون جدوى لتكتمل صورة البعد باسلوب النداء الدال على البعد والفجوة العميقة المكانية بين ذات الشاعر واهله بحضـور (انا الشاعر)، بعـدها تكتمل ملامـح الدلالة بوضوح بنسـق ضـدي بـين (تشتاقهم... تشتكيهم) المتعارضين والعائدين الى الغيبة (هم). أي ان تكوين الدلالة سار بنسق (١-٢-٣-١) وعلى الرغم مـن ايجابية حضور الضمير (هم) وسلبيته الدلالية، وسلبية حضور الضميرين (انت- انا) وايجابيته الدلالية. يكون حضـور الغيبة المستفيضة بتمثيله راس الدلالة وقاعدتها، سببا في طغيان دلالته هنا.

وقوله[1]-

الـــــيس الى الاجـــال نهــــدي وخلفنــــــا	مــــن المـــــوت حــــاد لا تعـــب عجـــــول
دع الفكـــــر في حـــــب البقـــاء وطولـــــه	فهمـــــك لا العمـــــر القصـــــير يطـــــول
ومــــن نظـــر الـــدنيا بعـــين حقيقـــــة	تــــيقنّ انّ العــــيش ســــوف يــــزول
ومـــــا هـــــذه الايـــــام الا فـــــوارس	تطاردنـــــــا والنائبــــــات خيـــــول

ثمة انتقالات ضمائرية بينة هنا تدور في فلك دلالي واحد هو (الموت- الفناء) ؛ على الرغم من اتخاذ كل بيت منها شكلا يتقاطع مع الاخر بفضل الانتقال فقد حققت هذه الانتقالة لفت انتباه القارئ الى مغزاها دلاليا اولا، وابعاده عن دائرة الملل التي تتولد من تواتر الخاصية الاسلوبية بشيوع تام وبنسق ثابت ثانيا. لان تاثيرية الخاصية الاسلوبية (تتناسب عكسيا مع تواترها فكلما تكررت الخاصية في نص، ضعفت مقوماتها الاسلوبية)[2] لذا نلحظ ان هذه الانتقالات خدمت الدلالة النصية. فالشاعر يرسم لنا لوحة الرضوخ والتسليم للامر الواقع بان لاجدوى من التفكير بالبقاء امد الدهر، وان كل شيء زائل اذا حضر الموت. واذا ما لمسنا حطوة الانتقال وتسويغ مجيئه، ندرك ان السياق الضمائري بـ (نحن) هو المفضي- بتقرير الدلالة (الفناء)، لمجيئه مرتين في البيت (الاول والرابع) اولا، وتمثيله راس الدلالة وقاعدتها ثانيا. وما تغلغل الضميرين (انت - هو) بين طيات الضمير (نحن)، الا تاطير للنص بايضاح يكمل حقيقة تسويغ الدلالة (الفناء). أي ان السياق بتنصله عمّا ابتدأ به ومعاودته اليه (نحن)، لم يكن عبثا، وانما شكل انعطافة اسلوبية منحت المقطوعة بعدا فنيا دلاليا في الوقت نفسه. حيث

(١) سقاسات ابن الجوزي/٥٤ .
(٢) النقد والحداثة/٤٩ .

عززت هذه الانعطافة حقيقة عجز الانسان بتحقيق المغايرة الكونية المتمثلة بالخلود طول العمر. لذا فان ضمير الجمع (نحن)، جاء متلائما مع دلالة الفناء (الموت) التي تطول الجميع من دون استثناء.

وقوله[1]:

ان كنت حرّا حميّ الانف فاعتزل الـ   انام طرا ولا تركن الى كنف

فالناس اكثرهم ان تبل سرهم   لا يستفيقون من ظلم ومن جنف

جرّبت ستين عاما امرهم فاذا   اصحهم نبه ادوى من الدنف

قلب بغير حجى عين بلا بصر   اذن بلا اذن - انف بلا انف

ان تواتر مجيء الضمائر بيتا بعد اخر وتكسر انساقها باختلافها من (انت- هم- انا)، يعمل على انتاج الدلالة وتناميها، وبناء السياق الاسلوبي الذي لا يتحقق هنا الا (من قطع سياق ضمير ما بالانتقال غير المتوقع الى سياق ضمير اخر مغاير)[2] فالمقطوعة دلاليا اتسمت بطابع ديني من حيث توجيه الشاعر غضبه وذمه الى الناس الذين تحجرت قلوبهم وعميت ابصارهم بمغريات الدنيا. حيث ان الدلالة فيها تحركت في نطاق الابيات الثلاثة ذات الضمائر المتكسرة، لتجد قرارها في البيت الرابع الاخير. فقد ابتدأ سياق الالتفات بالمخاطب (انت) وكسر الى الغيبة (هم) وكسر بعدها الى المتكلم (انا)، لتاتي خلاصة الدلالة في نهاية هذا الالتفات.

قلب بغير حجى عين بلا بصر   اذن بلا اذن انف بلا انف

(١) مقامات ابن الجوزي/١٥٨ .

(٢) شعر البردّوني – دراسة اسلوبية- سعيد سالم سعيد الجريري- رسالة ماجستير مطبوعة على الالة الكاتبة- كلية الاداب/ الجامعة المستنصرية- ١٩٩٧/٥٣ .

أي لا جدوى فيهم، لانهم مجردو الحواس لا قلب يرشد، ولا عين تبصر، ولا اذن تسمع، ولا انف يشم كما لو انهم في عداد الاحياء الاموات.

لذا فان جوهر هذا التوظيف الانتقالي في مجمله، لم ينبع من فراغ، بل يكمن في شد انتباه القارئ لمعرفة الدلالة النهائية لهؤلاء الدنيويين اولا، وتعزيز حركة السياق النصي اسلوبيا ثانيا.

ب.تبادل داخلي (التجريد):-

يدخل هذا النوع من الانتقال في مضمار التخفي والتقنع وراء ستر الايهام. إذ يستطيع صاحب النص التحرك في حرية كاملة لعرض فكرته على نحو اوسع.

وتدخل في اطار هذا النوع ثلاثة اشكال. هي قصيدة التخارج التي تدخل في محك التجريد بلاغيا من حيث استعمال الضمير (انت) ليعني الشخص (انا)، وقصيدة الحوار الداخلي (المونولوج- والمناجاة) التي يذكر فيها ضمير التكلم (انا) ليعني (انا) الشخص، وقصيدة القناع التي يستعمل فيها الضمير (هو) سواء كان ذلك اسما صريحا مثل شخصية تاريخية او اسطورية او ضميرا غائبا لتعني الشخص المتكلم (انا) وبالعكس[1]:

وبما اننا ننهج نهجا اسلوبيا في تعاملنا مع النصوص، فقد وجدنا بعد قراءتنا المتمعنة لشعر الشاعر ان اسلوب التجريد (قصيدة التخارج)، شكل مؤشرا اسلوبيا بارزا يلفت انتباهنا، لما يحمله من دلالات شعرية خاصة.

وتكمن جوهرية هذا الاسلوب في خلق ذات افتراضية يخاطبها الشاعر في نصه هي في حقيقتها المراة العاكسة (لاناه)، وهذه الذات تعمل في نطاق الشعر حصرا لا في

---

(١) اقنعة النص- سعيد الغانمي- دار الشؤون الثقافية العامة- بغداد- ١٩٩١/ ٥٩-١٠-و- تبادل الضمائر وطاقته التعبيرية- د.محمد نديم خشفة- مجلة البيات الكويتية- ع- ٢٩٢-تموز-١٩٩٠/١٠-١٢ .

خارجه، وهذا ما يؤكده الغانمي بقوله:(الضمير اللغوي ينطوي على ازدواجية صريحة فهو كلي في اللغة جزئي في الكلام.... وهذه الازدواجية التي يحملها الضمير تسمح لنا ان نميز بين الضمير والشخص. فالضمير هو الملفوظ اللغوي في صيغه المعروفة (انا-انت-هو)، والشخص هو المعنى الخارجي- العلاقة اللغوية الداخلية هي التي تحدد الضمير والعلاقات اللغوية الخارجية هي التي تحدد الشخص)(١) وهو ما ينطبق على قول رومان ياكبسون (ويعود الدور الجوهري الذي تلعبه كل انواع الضمائر في النسيج النحوي للشعر الى كون الضمائر خلافا لكل الاسماء المستقلة الاخرى كيانات نحوية وعلاقية خالصة)(٢)

ويعود سبب لجوء الشاعر في استخدامه هذا الشكل من الانتقالات الداخلية الى افساح المجال امام قريحته الشعرية واعطائها فرصة اكبر للتعبير عما يدور في باله، وذلك باسباغ اوصافه على تلك الذات الافتراضية ايجابا او سلبا. أي انها عملية ايهام القارئ بافتراض مغاير لما يفترضه لتحقيق هذا المغزى.

وبعد هذا التقديم يجدر بنا الوقوف على مجموعة من النماذج التي تحوي هذا المؤشر لابراز دلالاته منها(٣):

يـــا ســـاكن الــدنيا تاهــب وانتظـــــر يــــوم الفــــراق

واعــــــذر الى دار الرحيــــل فســــوف يحــــدي بالرفــــاق

---

(١) نفسه /٥٠-٥١ .

(٢) قضايا الشعرية- ترجمة- محمد الولي ومبارك الحنون – دار توبقال للنشر- الدار البيضاء- المغرب- ١٩٨٨/٧٣ .

(٣) مراة الزمان –٨/ق-٤٨٣/٢ .

وابــك الذنــــوب بـــادمع   تنهـــل مـــن ســحب الماق

يـــا مـــن اضـــاع زمانــه   ارضيت مـا يفنـى ببـاق

ثمة اجراء اسلوبي يتضح في المقطوعة بحضور السياق الضمائري المتشكل بفضل انتشار ضمير الخطاب (انت) على مدار المقطوعة، وتشكيله محور العملية الدلالية فيها. فضلا على حدوث انكسار في نهايتها بضمير الغيبة (هو) العائدين بدوريهما الى (انا) الشخص. حيث ان التقنية التي استخدمها الشاعر بالتقنع والتخفي وراء ستر الخطاب – الغيبة ووصف ذاته بالغيرية. لم يات الا بقصد توظيف افكاره التي تصب في مجرى زهديته. إذ ان قيمة الحياة لديه لم تعد تساوي شيئا بسبب ما يعانيه من اغتراب في منفاه، مما ولد لديه نفورا من الحياة والرغبة في التطلع الى الموت، وذلك باسلوب اسقاطي على الاخر. أي ان الذات (انت) هنا هي ذات افتراضية لواقعية (انا) الشخص، وليس مجيئها بهذا الشكل الا لغرض تعميم الشاعر لفكرته، وهي ايحاء واشعار للكل بالطريق المشروع (الموت- الفناء). فلو تحول سياق النص مثلا بغلبة ضمير المتكلم (انا)، فان دلالته لا تحصل على مدى ارحب لاقتصارها على واحد (الشاعر)، بينما اسلوب الخطاب (انت) حقق حضورا واسعا لدلالة النص لاشتماله على الشمولية فقوله: (يا ساكن الدنيا...) دلالة على الفناء (الموت) التي تطول كل شخص في هذه الدنيا. ويمكن ان نلمس تحرك الضمير (انت) بشكل واضح، لاقترانه بدلائل دالة الاولى استهلال المقطوعة وانتهائها باسلوب النداء (يا ساكن- يا من) الدال على وجود شخص مخاطب يستجيب للمتكلم (المنادي)، والثانية تواتر صيغة الامر في (تاهب- انتظر- اعذر- ابك). فضلا عن انكسار الصيغة (هو) العائد الى (انا) الذي يصب في المنحى نفسه، مما يدل على عدم انتقال النص الى ضمير (الانا) بل جعل الخطاب (انت) محور الدلالة النصية. أي ان توالي الابيات بضمير طاغ (انت) وانكسار بسيط بالضمير (هو)، لم يكن

اعتباطا بقدر ما هو توظيف اسلوبي تخفى وراءه الشاعر لعرض فكرته. فضلا على اشراك القارئ لعيش معاناته بعد معرفة مغزى هذا التوظيف.

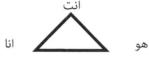

فضلا عن ذلك نعرض لنموذج اخر يستخدم فيه التجريد لمخاطبة الذات (انت)، ولكن بـالتعريج الى (انـا) المـتكلم في النهاية. وهذا هو دأب الشاعر القديم كما يذكر الغامدي. فقد دأب (على العدول بالالتفات مـن ضمير المخاطب الى ضمير المتكلم)[1]

ويمكن التمثيل لهذا النسق بقوله[2]:

دع الهـــوى لانـاس يعرفــون بـه	قــد مارسـوا الحـب حتـى لان اصبعه
بلـوت نفسـك في مـا لسـت تخبوه	والشيـء صعب علـى مـن لا يجـرّ به
افـن اصطبارا وان لم تسـتطع جلـدا	فـربّ مـدرك امـر عـز مطلبـه
احنـو الضلوع علـى قلـب يحيّرني	في كـل وقـت وفي عينـي تطلبـه

يبدو ان السياق الضمائري واضحا بتكسر نسقه لانتقال صيغة الحضور (انت) الى مرجعيتها الاصلية (انـا) الشـخص. فالسياق يوهم القارئ بان الشاعر ينادي شخصا اخر هو في اساسه خطاب لذاته. فالنداء علني والخطـاب مختفي. وتكمن دلالة هذا النسق بوجود صراع حاد وقوي بين العقل والهوى ينتهي فيه الامر بانتصار دعوات العقل بنبذ العشـق والانـدماج بذات الله. وما المسافة التي خلقها الشاعر بين ندائه ومناداه

---

(١) اللمعة ، ص ٥٥ .

(٢) مقامات ابن الجوزي / ٢٤٣ .

العائد الى (اناه) بحضور الخطاب (انت)، الا تسويغ بنماء الدلالة. فالشاعر ينادي الذات الافتراضية وينصحها بالابتعاد عن الهوى واللذات وما فيها من مزالق تسقط الفرد في هوّة العصيان. وهذا بين من سياق الحضور (انت) (دع الهوى- بلوت نفسك- افن اصطبارا- لم تستطع جلدا). أي انه يصف ذاته بالغيرية ويسقط عليها ما لا يريده ان يتحقق في ذاته الحقيقية (اناه) من مزالق وهفوات. وهذا يتضح من السياق الذي يقطع بالانتقال الى (انا) المتكلم الذي مثل انتصار العقل. لذا فان الهوى المسقط على الذات الافتراضية (انت) قابله العقل (انا) المتكلم، على الرغم من انه (الشاعر) يمثل مرجعيتهما الاصلية. أي ان غلبة العقل على الهوى ناسب طغيان المتكلم على المخاطب، والتكسر السياقي الذي رفع السمة الدلالية للعقل هو (احنو الضلوع على قلب يحيرني) الذي ينفي دلالة الهوى التابعة لـ(انت) عن قلبه، كي تبقى دلالة العقل غالبة*.

وفي ضوء ما عُرض. نستنتج ان سياق الضمائر في شعر ابن الجوزي قد اخذ مسارين هما. الاول - تبادل خارجي- ارتبطت دلالته بتوجيه اللوم والنكران الى هؤلاء الذين غرتهم مغريات الدنيا، لغرض تنبيههم على الصواب تارة، ونكران قطيعتهم اياه تارة اخرى. والثاني- تبادل داخلي- ارتبطت دلالته بفلسفته الخاصة المرتبطة بالزهد. فهو يسقط ما لا يليق به على الذات الافتراضية، كي تبقى ذاته الاصلية منزهة عن العيوب التي لا يرتايها فيه. وهذا نابع من زهده وورعه.

* لمزيد من التفاصيل على انتقالات الضمائر تطبيقيا-ينظر- الاسلوبية- مدخل نظري ودراسة تطبيقية/ ١٢٦-١٤٤-و- تبادل الضمائر وطاقته التعبيرية- د.محمد نديم خشفة- مجلة البيان الكويتية- ع- ٢٩٢- تموز-١٩٩٠ /٨-٢٠ .

الفصــل الثــاني
المستوى التركيبي

المبحث الأول:أساليب الطلب

١.النـــداء

٢.الأمـــر

٣.الاستفهام

المبحث الثاني: أساليب أخرى

١.الجمل الفعلية والاسمية ذات المحور الثابت

٢.السياق الشرطي

٣.الاعـــتراض.

الفصل الثاني

المستوى التركيبي

مدخل

لا تسمى القصيدة الشعرية قصيدة، الا بعد تنظيمها ووضع تلك الافكار العائمة في صياغة شعرية تركيبية متوقفة على ابداع الشاعر وقدرته المميزة، وعن طريق الصياغة التركيبية نستطيع الكشف عن التناسق والترتيب الحاصل بين ابيات القصيدة. الا ان الشيء الذي يجب ذكره، هو ان الاسلوب المتبع في نص ما وهو الذي يشمل التجربة الادبية بكل ابعادها وخصائصها، لا يمكن ان يكون مادة ثابتة على الدوام في نص اخر، وانما هو قابل للتغير بحسب ذاتية المرسل.. لذا فالنسج التركيبي يعد عنصرا مهما الى جانب العناصر الاخرى التي لا يمكن ان تنهض بمهامها دونه، وذلك في تحريك النص الادبي الذي يعتمد في وجوده (كنص ادبي على شاعريته، على الرغم من ان النص يتضمن عناصر اخرى ولكن الشاعرية* هي ابرز سماته واخطرها ... وبدونهما لا يحظى

---

* تتجلى الشاعرية في ان (التأثر بالكلمة يتم بها ككلمة وليس كمحاكاة فقط للشيء المسمى او كانفجار انفعالي وان الكلمات وتراكيبها ودلالاتها وشكلها الخارجية والداخلية ليست قرائن واقع لاشان لها وانما تتمتع بوزنها الخاص وقيمتها الخاصة) / نقد النقد - رواية تعلم - تزفيتان تودوروف - ترجمة -د. سامي سويدان - دار الشؤون الثقافية العامة - بغداد / ١٦ -و- شعريات النص / ٨٣ -و- سايكولوجية الشعر/ ١١ -و- الخطيئة والتكفير - ٢٠ ومابعدها .

النص بسمته الادبية)[١] وهذه الادبية في اساسها هي (وليدة تركيبته اللغوية أي وليدة ما ينشأ بين هذه العناصر من انسجة متنوعة متميزة)[٢] لذا فان الدخول في مضمار هذا المستوى، يحتم علينا التاني في صياغة فكرتنا حوله، وذلك على وفق المنظور الاسلوبي، مبتعدين بذلك عن الدائرة اللسانية التي كان ينهج نهجها نقاد كثيرون، وذلك من حيث الاهتمام بالجملة مجتزأة من سياقها التركيبي، وهي من مميزات علم النحو الذي يهتم بالجملة كجملة. وهذا واضح في قول الجرجاني: (واعلم ان ليس النظم الا ان تضع كلامك الوضع الذي يقتضيه علم النحو وتعمل على قوانينه واصوله وتعرف مناهجه التي نهجت فلا تزيغ عنها وتحفظ الرسوم التي رسمت لك فلا تخل بشيء منها)[٣]

)أي ان النظم (الاسلوب) عنده ليس الا ترتيبا لمفردات النص، على وفق العلاقات النحوية. أي معاني النحو، الا ان الاسلوبية عنيت بالتركيب واولته اهتمامها من حيث دراسة الجملة في حدود النص*أي اهتمامها بالانتاج الكلي للنص الادبي ووصف ذلك البناء الاسلوبي باكمله على العكس من اللسانية التي (تُعنى بالتنظير الى اللغة كشكل من اشكال الحدوث المفترضة)[٤] وهذا راجع الى الاختلاف بين الجملة

(١) الخطيئة والتكفير / ٢٢.

(٢) اللسانيات بين لغة الخطاب وخطاب الادب - د.عبد السلام المسدي - الاقلام - بغداد - ع - ٩ - ١٩٨٣/ ٦٩ - و- الحركة والسكون ١٨/٢ .

(٣) دلائل الاعجاز / ٦٤ .

* يرى التوليديون ان علم التركيب الذي يدرس صياغة الجملة وانتظامها بين الجمل هو الذي يستطيع النفاد الى محركات الكلام / مباحث تاسيسية في اللسانات / ٢٢٣ .

(٤) مقالات في الاسلوبية / ١١ -و- مفاتيح في اليات النقد الادبي / ٦٠ -و- اللسانيات بين لغة الخطاب وخطاب الادب -د. عبد السلام المسدي - الاقلام - بغداد - ع - ٩ - ١٩٨٣ م / ٦٤.

التجريدية المنتمية الى علم النحو الوصفي والجملة المنتمية الى الاسلوبية (جملة النص) التي تمثل اجزاء الخطاب الشعري والتي تظهر على نحو ملموس في الخطاب المنطوق او المكتوب على السواء، لان المتكلم لا ينتج جملا منعزلة بعضها عن بعض في خطابه، وانما ينتج خطابا خاصا لنظام الجمل. أي تلك التي تكون مترابطة فيما بينها لعرض الفكرة التي يريدها الشاعر[١]، ونتيجة لهذا الاختلاف يتطلب الامر من الباحث الاسلوبي، ان يضع الوسائل التركيبية في النص قيد الدراسة الاسلوبية، لمعرفة مدى التغير والتبديل الحاصل وفقا لما اراده المبدع لنصه، كي يتوصل في النهاية الى معرفة التناول الاسلوبي الذي هو (انجاز ابداعي ينطلق من استيعاب مسبق لكل خصائص البنية اللغوية التي يقوم عليها النص، ليحاول تفسير ما به تحولت العناصر اللغوية الى افراز ادبي او قل تفسير سمة الادبية التي تحلّى بها النسيج اللغوي في تركيبته التي ورد عليها)[٢] وعلى هذا الاساس، فان دراستنا للمستوى التركيبي الذي (يتضمن عناصر ذات معنى تتالف وتتوافق فيها بينها لتولف الجمل في السياق الكلامي)[٣] اسلوبيا، يحتم علينا الوقوف على ابرز الملامح الاسلوبية التركيبية في خطاب ابن الجوزي وبيان مدى طغيانها على نحو لافت للنظر وهي:

---

(١) منهج النقد العربي / ٢١ - و شعر محمود حسن اسماعيل - دراسة اسلوبية - ماجستير / ٧٩

(٢) مفاتيح في اليات النقد الادبي / ٦٥ -و- الاسلوبية اللسانية - اولريش بيوشل ترجمة - خالد محمود جمعة - نوافذ - السعودية - ع- ١٣ - سبتمبر - ١٠٠٠ م/ ١١١-١١٢ -و- مقالات في الاسلوبية / ٧٢.

(٣) الالسنية - ميشال زكريا / ٣٣

المبحث الأول
أساليب الطلب

١.النـــداء

وهو من الاساليب الاستهلالية الطلبية ووسيلة مهمة من الوسائل البلاغية والنحوية التي لها وقعها الخاص في النصوص الشعرية، من حيث اضفاء الحيوية الحركية على المعاني وتخفيف وطأة الطول في القصيدة عند مجيئه في اشباه المطالع، ويسهم هذا الاسلوب في بناء القصيدة الشعرية و (يعين مراحلها او يفصل فيها موضوعا عن موضوع اذ كثيرا ما يتردد في اشباه الطوالع)[١]التي هي بمثابة مفتاح جديد لموضوع جديد. حيث تفيد هذه المسافة الزمنية بين نداء واخر داخل اطار القصيدة نفسها في اعطاء فرصة لتحليل وعرض الفكرة التي يريدها الشاعر، ومن ثم الانتقال الى الفكرة الجديدة.

والمقصود بالنداء رفع الصوت ومده لغرض تنبيه (المخاطب ليصغي الى ما يجئ بعده من الكلام المنادى له)[٢] وليس المقصود منه الذات، ولا يكون الغرض منه في (مالوف العادة الا التماسا لحاجة. وهو من اجل ذلك لا يصدر الا عن محتاج الى عون، او راغب في صريخ، او طالب لبانة من مغيث. ويعني ذلك ان الشخصية الشعرية محتاجة)[٣]

(١) خصائص الاسلوب في الشوقات / ٣٦٧ .

(٢) اساليب الطلب عند النحويين والبلاغيين – د. قيس اسماعيل الالوسي – بيت الحكمة – بغداد- ١٩٨٩ / ٢١٨ .

(٣) بنية الخطاب الشعري – دراسة تشريحية لقصيدة اشجان يمنية / ٢٦٨-٢٦٩ .

والنداء في اصله هو ان يتوجه به صاحبه (المنادي) الى منادى عاقل يفهمه ويصغي اليه، واذا ما خرج عن هذا المنظور فانه يندرج تحت ما يسميه سعيد الغانمي (التفات التشخيص) الذي (يتحقق بنداء الاشياء غير العاقلة)(١)

هذا كله اذا كانت الاداة شاخصة، اما اذا كانت الاداة معدومة والمعوض عنها بالضمير (انت)، أي توجيه الخطاب له والمقصود به (انا) الشخص، فان هذا يسمى (التجريد) الذي (يتحقق عبر وصف الذات بالغيرية)(٢)، وهو ما تناولناه في المستوى الدلالي ... لذا سنكتفي هنا بالنداء المتحقق عن طريق الاداة (يا) بنوعيه (المنادى العاقل وغير العاقل)، وهو ما شخصناه في شعر ابن الجوزي، حتى اصبح لتواتره اللافت للنظر ملمحا اسلوبيا يستحق الوقوف عليه، لاستبيان جوانبه ومعرفة ما دفع الشاعر لايراده بالكثافة هذه. وهو ما ترتايه الاسلوبية من حيث دراستها (البنى اللسانية المهيمنة في النص التي مارست توترا ادبيا فيه ومارست تاثيرا في المتلقي. وغالبا ما يبحث الاسلوبي في الاثر الجمالي الذي تخلقه تلك البنى الاسلوبية في النص ومن ثم في القارئ)(٣)

وفي ضوء ما عرض وانطلاقا من قول صلاح فضل من (أنّ الدراسة المتمهلة للنص بهدف اختبار اسلوبه تفترض التوقف بحكمة امام الاستخدامات اللغوية الدالة فيه)(٤) فاننا سندخل في عالم هذا الاسلوب من باب الحكمة المتانية في تعاملنا معه، غير منحازين بتفضيل وروده ام لا.

---

(١) اقنعة النص / ٥٦

(٢) نفسه / ٥٤.

(٣) المراة والناقدة / ٢٨ - و- نظرية الادب - رينيه ويليك - اوستن وارين - ترجمة - محي الدين صبحي - مطبعة خالد الطرابيسي - ١٩٧٢/٢٢٤ .

(٤) انتاج الدلالة الادبية . مؤسسة مختار للنشر والتوزيع - القاهرة - ١٩٨٧ / ٢٥٩ .

وقبل الغوص في غمار التحليل الاسلوبي لاستجلاء الدوافع التي من اجلها طغى هذا المؤشر الاسلوبي واستبيانه في اسلوب الشاعر، يجدر بنا ان نقف على دائرة الاحصاء (النحوي) لهذا الاسلوب. ويمكن ان نبين ذلك على شكل نقاط على النحو الاتي:-

١.ان نداءات ابن الجوزي من حيث مستواها التركيبي ابتدأت بلازمة الاداة (يا) وبنسبة ٩٠% في مطالع الابيات والنسبة المتبقية ياتي مجيئها في اثناء البيت.

٢.جاءت اغلب حركات المنادى الاعرابية بالفتحة، لكونه نكرة غير مقصودة ومضافا، وذلك بنسبة ٧٥% مثل:(يا كثير العفو- يا نادبا اطلال – يا قوت نفسي- يا سيد الخلق- يا سادة اوحشوني....) اما حركة البناء فجاءت لتشغل النسبة المتبقية ٢٥% مثل: (يا ايها العاصي- يا سعد زدني- يا رحمن- يا سعاد...)

٣.من حيث الصيغة المتبعة بعد المنادى:-

أ-مجيء صيغة (جملة الامر) بعد المنادى في اربعة ابيات هي:

ياساكن الدنيا تاهب	وانتظر يوم الفراق[١]
يا كلمات الله كوني عوذة	من العيون للامام الكامل[٢]
يا حبيب القلب قل لي	هل ترى ترحم ذلي[٣]
يا سعد زدني جوى بذكرهم	بالله قل لي فديت يا سعد[٤]

(١) مراة الزمان٨/ ق٢/٤٨٣ .

(٢) مناقب الامام احمد بن حنبل/ و.

(٣) البداية والنهاية ١١/١٤ .

(٤) رحلة ابن الجبير- ابن الجبير الاندلسي- ملتزم الطبع والنشر- عبد الحميد احمد حنفي- مصر/٢٠٨-٢٠٩ .

ب-الجملة الخبرية بعد المنادى هي الغالبة في نداءات ابن الجوزي ومنها قوله[1]

يـا صـاحبي هــذي ريـاح ارضــهم   قـــد اخـــبرت شـــمائل الشـــمائل

و[2] يـــا بيـــت عبـــد القـــادر   كنـــــتم نتيجـــــي في القضـــــا

و[3] يـا سـيد الخلـق وعـين الاكـوان   خليفـــة اللـــه العظـــيم الســـلطان

وبتجاوز الدائرة الاحصائية من حيث تتبع الصيغة النحوية والدخول في حيز التحليل الاسلوبي لاستبيان معاني الاسلوب الوارد. نجد ان مجموعة من التماثلات التركيبية حملت تماثلات دلالية، وذلك تبعا لاغراض النداء. ويمكن ان ندخل في تفاصيل هذا المؤشر عبر نوعين هما:

أ-نداء العاقل.

ب-نداء غير العاقل.

أ-نداء العاقل:

في هذا النوع من النداء يتوجه المنادي بندائه الى منادى يعي ما يريده المنادي، الا انه نداء يضم في جنباته انكسارا نفسيا جليا للعيان، عن طريق الغرض الذي ورد فيه النداء، وهو في طلب الاستغاثة تارة، والتحسر والالم تارة اخرى. ويبدو ان المطالع التي جاءت في قصائده والتي عددها (٧) في حدود ما تيسر لي من اشعار، فضلا على اشباه

(١) الذيل على طبقات الحنابلة- ١/ ٤٢٣ .
(٢) مرآة الزمان- ٨/ ق ٤٤٠/١ .
(٣) المنتظم في تاريخ الملوك والامم – ابن الجوزي – مطبعة دائرة المعارف العثمانية بحيدر اباد الدكن – الهند – ١٣٥٨ هـ/ ٢٦٣/١٠ .

المطالع، هي جميعها تصب في هذا المضمار. مما يدل على ان ابن الجوزي هو دائم الطلب من الاخرين لتحقيق ما يريد. ولمزيد من التوضيح نقسّم هذا النوع بحسب الغرض.

١-طلب الدعاء والتضرع الى اللـه:- يمكن ان نسوق بعض الامثلة في هذا المجال منها قوله[(١)]

يا كثير العفو عمن ... كثر الذنب لديه

جاءك المذنب يرجو ... الصفح عن جرم يديه

انا ضيف وجزاء ... الضيف احسان اليه

تبدو القيم الخفية المستوطنة في كوامن نفس الشاعر جلية للعيان، من النغمة البارزة في اثناء المقطوعة، عبر النداء المتلبس بالاستغاثة والتضرع الى اللـه واللجوء اليه. وهذا هو حال الصوفية والزهاد على الدوام، فهم في طلب دائم للعفو والمغفرة منه تعالى. واذا ما تلمسنا جوانب المقطوعة الندائية من حيث التركيب. وجدنا ان الخبرية التقريرية فيها تساوقت مع النداء جراء تواشج المفردات التي تحمل مؤشرات دلالية متزنة ومتماثلة مع الصيغة الندائية. فالنداء في اصله طلب الحاجة وهو هنا للاستغاثة، والمفردات المتمثلة بـ(كثر الذنب- المذنب- جرم يديه) في صيغتها العامة، تدل على التماس حاجة وهي طلب العفو والرضا. فالشاعر يصف حاله بانه مذنب وذنوبه كثرت، وذلك باسلوب تقريري. مما يحتم وجود صراع ترفض فيه الشخصية الشعرية واقعها وعالمها المرير ومحاولة التمسك بتلابيب العالم الامثل بعد استنفاذ ذنوبها، والذي زاد من تعميق هذا الطلب الدلالة اللسانية المتمثلة بالنداء (يا

(١) مراة الزمان – ٨/ق٢/٥٠٢ .

كثير العفو). فالشاعر يلتمس حاجته من صاحب العفو الكثير فجاءت الصيغة الندائية متساوقة مع الدلالة ....

وكذلك قوله(١):

يـا ايهـا العـاصي الى كـم في الهـوى   والـلـهو مـا تخشى مقـام الموعـد.

وقوله(٢):

يـا سـاكن الـدنيا تاهـب   وانتظـر يـوم الفـراق.

وقوله(٣):

اتـوب اليـك يـا رحمـن مـما   جنيـت فقـد تعاظمـت الـذنوب

٢-التحسر والتوجع: هذا الشكل في اصله نلمسه في نداء الاطلال والمنازل والاهل. وهو السمة الغالبة على نداءات ابن الجوزي العاقلة وغير العاقلة. وذلك بسبب بعده عن اهله. لذا جاءت الاداة (يا) المتضمنة لحرف الالف الذي يمتلك خاصية مد الصوت، منسجمة مع البعد المكاني الذي يشعر به الشاعر، ويمكن ان نعرض مجموعة من الامثلة في هذا النوع منها قوله(٤):

يـا حبيـب القـلب قـل لي   هـل تـرى تـرحم ذلي؟

ام تـرى تكسـر قيـدي   ام تـرى تفـتح غـلي

(١) الدسنة البهية والطرفة الشهية ابن الجوزي نقلا عن الشعر العربي في العراق من سقوط السلاجقة على سقوط بغداد/ ٧٦ .
(٢) مراة الزمان- ٨/ق٢/ ٤٨٣ .
(٣) الذيل على طبقات الحنابلة- ١/٤٠٤ .
(٤) الجواهر المضيئة – القرشي – نقلا عن - اخبار الظراف والمتماجنين / ٣١ .

قـــد صـــدا قلبـــي بهجـــر　　　فاجلـــــــه لي بـــــــالتجلي
واســـتر الـــنفس فهـــذا　　　موســـم العمـــر مـــولي
انـــت حجـــي واعـــتماري　　　انـــت احرامـــي وحـــلي

النص الذي بايدينا لا يحتاج الى قوة تاويلية للكشف عن مكمن الدلالة، كون البنى التركيبية المبثوثة في اثناء المقطوعة، مرسومة ابعادها بهندسة شعرية، تجعل من الدلالة طاغية على مفاصل المقطوعة كلا. واذا ما بدأنا من المفتتح الاستهلالي. وجدنا ان الدال اللساني المؤطر بالنداء (يا حبيب)، يحمل دلالة مغايرة على ما ياتي بعده. فالدلالة التي نلمسها من الدال (يا حبيب) هي السعادة والامل وزيادة التفاؤل، لكون حبيب القلب هو المعادل النفسي- الاخر للشخص، وذلك باندماج الذاتين معا، الا ان تكملة النص بعده ينم عن دلالة مغايرة منافية للمنادى. وهذا بيّن من الانزياحات الشعرية المنتثرة، والتي تحقق بمجيئها دلالات مغايرة لا يقبلها العقل. فالجمل (هل ترى ترحم ذلي، ام ترى تكسر- قيدي، ام ترى تفتح غلي). كلها انزياحات غايرت دلاليا دلالة (الحبيب). فكيف لحبيبه ان يرى ترحم ذله او يرى تكسر قيده او ... والذي زاد من تعميق اختلاف الدلالة النصية، لفظة الهجر التي تعني قاموسيا ابتعاد الذات عن الذات، وما طرأ عنها من تصدأ قلبه، مما خلق فجوة عميقة بين المنادي والمنادى. لان الحبيب قد هجره، لذا فانه يلتمس الحاجة منه، والتي تكمن بالرجوع اليه وكف القطيعة عنه. مما زاد معنى التوجع والتحسر لدى الشاعر ...

وقوله[1]:

يـــا صـــاحبي ان كنـــت لي او معـــي　　　فعـــج عـــلى وادي الحمـــى نرتـــع

(١) الذيل على الروضتين / ٢٤ .

وقوله[(١)]:

يـــا نادبـــا اطـــلال كـــل نـــادي   وبـــاكيا في اثـــر كـــل حـــادي

هذه النماذج كانت في مطالع القصائد، اما اشباه المطالع وفي اثناء البيت فنذكر بعض الامثلة منها قوله[(٢)]:

ياســـــادة اوحشـــــوني   وهـــم حضـــور بخـــاطري

وقوله[(٣)]:

ياســـعد زدني جـــوى بـــذكرهم   باللـــه قـــل لي فـــديت يـــا ســـعد

وقوله [(٤)]:

الى متـــــى ياحبيبـــــي   هـــذا الجفـــا مـــا ينقضيـــ

وقوله[(٥)]:

قفـــي ثـــم اخبرينـــا ياســـعاد   بـــذنب الطـــرف لم ســـلب الفـــؤاد

ب.نداء غير العاقل:

في هذا النوع من النداء يتوجه المنادي بندائه الى غير العاقل، فيحوله الى ذات عاقله كي تعي ما يريده وهذا الاسلوب من النداء شائع في الشعر القديم والحديث معا.

---

(١) الذيل على طبقات الحنابلة – ٤٢٥/١ .

(٢) كتاب التراث الشعبي – ديوان الكان والكان /٧٥ .

(٣) رحلة ابن الجوير / ٢٠٨ – ٢٠٩

(٤) كتاب التراث الشعبي – ديوان الكان والكان /٧٧ .

(٥) مرآة الجنان وعبرة اليقظان في معرفة ما يعتبر من حوادث الزمان – اليافعي – منشورات مؤسسه الاعلمي للمطبوعات – بيروت - لبنان – ط/٢ – ١٩٧٠ – ٣ / ٤٩١ .

حيث يقـول سـعيد الغـانمي ان الشـعراء يخـاطبون (اشـياء وموضـوعات لا تسـمع ولا تجيـب، ولكـنهم يخاطبونهـا وينتظرون منها ان تفهم خطابهم، وهذا يعني انهم يحولون هذه الموضوعات غير العاقلة الى ذوات عاقلـة فيؤنسـونها بقـوة الالتفات)[١]

وهذه الذوات التي يخاطبها الشاعر، هي ذوات شعرية منبجسة من الشعر نفسه، وليست شيئا خارجـا عـن اسـواره ومع ذلك (فان وجود المنادى يبقى وجودا افتراضيا - او لنقل التفاتيا - اسيرا للشعر)[٢]

وفي ضوء ما تقدم، وبعد قراءتنا لشعر ابن الجوزي الخاص في هـذا النـوع، وجـدنا ان الـنماذج الندائيـة التـي صـاغها الشاعر، جاءت حاملة دلالة التحسر والتوجع في اغلبها. ويمكن ان نعرض لبعض الامثلة على ذلك منها قوله[٣]

يـــــا ارض ســــــلع خـــــبري وحـــــــــــدثيني عـــــــــنهم

ينبجس هذا البيت من قصيدة مكونة من تسعة ابيات مؤطرة بوشاح الحنين الى الديار، مما يحتم تشكيل بعد مكاني يحاول الشاعر التملص منه.

وقد استطاع الدال اللساني (الارض) غير العاقل في تحقيق القرب المكاني، وذلك لما يمتاز به الدال (الارض) مـن اشـغال حيز الفضاء الواسع بامتدادته. فضلا عن كونه قد اكتسب دفقا حيويا شعريا بوضعه معادلا حقيقيا للذات العاقلـة. فالشـاعر يطلب الى الارض ان تنبئه اخبار اهله واصحابه، لان الذات العاقلة لا تتحرك الا في حيز مكانها الضيق. لذا فانها قليلـة التـاثير من حيث الاخبار، اما غير العاقلة (الارض) فهي تشغل

---

(١) اقنعة النص/ ٥٣ .
(٢) نفسه /٥٤ .
(٣) الذيل على طبقات الحنابلة -١/٤٢٤ .

مدى ابعد، بل انها (المكان نفسه). لذا فان البعد المكاني هنا ضاق دوره وتلاشى بسبب الدال (الارض) حتى حقق في النهاية بعدا دلاليا اشمل له اثره في نفس المتلقي.

وقوله[1]:

يـــا كلــمات اللـــه كـــوني عـــوذة	مـــن العيـــون للامـــام الكامـــل

تبدو القيمة التركيبية في هذا التشكيل الندائي متكافئة ومتواشجة لرسم دلالة البيت المتلبس بالمدح. فالمنادي يطلب من المنادى (كلمات اللـه) ان تكون حارسة للخليفة من عيون الناس. وهذا النداء له ابعاد اعمق من غيره كون (كلمات اللـه) اقدر من أي شخص على حراسة الخليفة وابعاده عن الاذى. لذا فان هذا النداء يشتغل على مساحة اوسع ويحمل دلالات ابعد....

وقوله[2]

يـــا ســـيد الخلـــق وعـــين الاكـــوان	خليفـــة اللـــه العظـــيم الســـلطان
يـــا شـــمس جـــود نورهـــا في البلـــدان	يـــا بـــدر تـــم تـــم لا عـــن نقصـــان
ظهـــرت للخلـــق ظهـــور البرهـــان	عاشـــت بـــه ارواح اهـــل الايقـــان
زيـــن بـــك الـــبر وزينـــت اوطـــان	صـــدت القلـــوب حـــين صـــادوا الغـــزلان

يترای لنا في هذا النص ان النسيج التركيبي لمفردات اللوحة المدحية. حمل دلالات بعيدة الا غوار، وذلك ملاءمة للغرض الفخم المراد وهو (المدح). حيث ابتدات اللوحة بنداء العاقل الذي هو الخليفة واسباغ صفة السيد وعين الاكوان عليه. الا ان هذا قد لا يرتايه الخليفة، مما حدا بالشاعر الابتعاد عن ذلك وحاول النفاذ الى ابعد من ذلك،

(١) مناقب الأمام احمد بن حنبل / و .
(٢) المنتظم - ٢٦٣/١٠ .

متخذا من الاستعارة مفتتحا له باعادة ندائه من جديد. وهذا بين في البيت الثاني (يا شمس). الا ان هذه الاستعارة لم تنف كون النداء حقيقيا لانه جعل المنادى (الشمس) و (البدر) بمنزلة العاقل، والغرض من ذلك هو اعلاء شان الخليفة. فالشمس والبدر ظاهرتان كونيتان تعمان ارجاء الارض كلها وهي معادلة للخليفة الذي يكون طله واسع المدى، فالنداء هنا قد تخطى جدار الزمان والمكان، ليسبغ في النهاية الفنية المقتدرة على الصيغة المدحية.

وهناك نماذج عدّة تندرج تحت هذا الاطار ومنها قوله(١)

يـــا درة الشـــيخ ســـقيت ادمعـــي　　　ولا ابتليـــــت بـــــالهوى مســـــائلي

وقوله(٢)

يـــا نفـــس كـــم اتلـــو حـــديث المنـــى　　　ضـــاع زمـــاني بـــالمنى فـــاقطعي

فضلا عن ذلك نجد اربعة نماذج خرجت على الصيغة الندائية المتمثلة بطلب التماس الحاجة من المنادى، وذلك لمجئ المنادى اداة من ادوات النحو في خمسة ابيات. أي ان الاداة (يا) في هذه النماذج هي (لمجرد التنبيه ولا منادى هناك: لانها لم يقصد فيها الى نداء وبالتالي فهي لا تحتمل ولا تحتاج اضمار المنادى او تقديره)(٣)

ويمكن ان نذكر هذه النماذج من دون تحليلها لفقدها خاصية النداء وهي قوله(٤)

يـــا ليـــت شـــعري اذا حـــدوا　　　أأنجـــــــــدوا ام اتهمـــــــــوا

(١) الذيل على طبقات الحنابلة - ٤٢٣/١.

(٢) الذيل على الروضتين /٢٤ .

(٣) اساليب الطلب عند النحويين والبلاغيين / ٢٨٠.

(٤) الذيل على طبقات الحنابلة - ٤٢٤/١ .

و[١] يــا هــل للــيلات تقضــت عــودة   ام هــل الى وادي منــى مــن نظــرة

و[٢] يـــا مــــن اضــــاع زمانــــه   ارضــيت مــا يفنــى ببــاق

و[٣] يـــا اعـــز مـــن نـــور عينـــي   مـــا في الفـــؤاد ســـواك

و[٤] قضى اللــه بـالتفريق بينـي وبيـنكم   فيــا ليتنــا مــن جملــة مــا عرفنــاكم.

وفي ضوء ما تقدم. نرى ان جملة النداء الشعرية بنوعيها (العاقل وغير العاقل) تحت مظلة المستوى التركيبي، قد اتخذت مبدا التوازي ملمحا لها. فالتراكيب النحوية الندائية قابلتها تماثلات دلالية تبعا للاغراض المعروضة.. والشيء الذي يجب ان يذكر في هذا الاسلوب، هو غلبة الجملة الخبرية على نداءات ابن الجوزي بعد المنادى المسبوق بادادة (يا)، مما يفصح عن وجود فجوة كبيرة بين ذات الشاعر والذوات التي يخاطبها بسبب البعد. لذا فان نداءاته ليس المراد منها طلب اصغاء المنادى له وتادية ما يريد، وانما لعرض معاناته فحسب.

٢.الأمـــــــر:

يتمتع كل نص ادبي بنظام فني خاص تبعا للمؤشر الاسلوبي المكون له والذي قد ياتي في سياقه بنسبة ورود عالية، ليجعله (يتميز عن نظائره في المستوى والموقف. وان

(١) الذيل على الروضتين / ٢٨
(٢) مراة الزمان – ٨ / ق ٤٨٣/٢ .
(٣) كتاب التراث الشعبي – ديوان الكان وكان /٧٧.
(٤) مراة الزمان – ٨/ ق ٣٣٩/٢ .

يساعدنا على فك شفرة النص وادراك كيفية ادائه لدلالته)[١] وبارتباط المؤشر الاسلوبي البارز بالدلالة. أي (الشكل بالمضمون) يصبح النص ابداعيا واكثر حيوية. اذ ان الشكل بحسب قول رولان بارت (ليس حلية ولا مجموعة قواعد بل تشخيص لاحاسيس ملتصقة بتجاويف الذات وباعماق الموضوع)[٢]

ومن بين المؤشرات الاسلوبية التي شكلت في سياقات ابن الجوزي بصمة تركيبية مميزة، ينبثق الامر ملمحا بارزا يستدعي الوقوف عليه.

وهو من الاساليب الانشائية الطلبية التي تبغي في حقيقتها طلب القيام بالشيء (أي الفعل)، على درجة من الاستعلاء والالزام، ويخرج لتادية اغراض عدة لا مجال لذكرها هنا[٣]

ويمكن بعد ذلك ان ندخل في هذا القسم بذكر مجموعة من الامثلة، كي نبين مجرياتها في سياقات الشاعر ... منها قوله[٤]:

يــا صــاحبي ان كنــت لي او معــي   فعــج عــلى* وادي الحمــى ترتــع

وســل عــن الــوادي وسكانــه   وانشــد فــؤادي في ربــا المجمــع

---

(١) انتاج الدلالة الادبية / ٢٥٧ - و- الاسلوبية اللسانية - اولريش بيوشل - ترجمة - خالد محمود جمعة - نوافذ - السعودية - ع - ١٣ - سبتمبر - ٢٠٠٠/ ١٤٢ - ١٤٤ .

(٢) درجة الصفر للكتابة / ١٢ -و- البنيوية وعلم الاشارة / ٥٦ -و- مفهوم الشعر دراسة في التراث النقدي - د. جابر احمد عصفور - المركز العربي للثقافة والعلوم - ١٩٨٢ / ٤٣٢ .

(٣) ينظر - البلاغة والتطبيق - د. احمد مطلوب - د. حسن البصير - دار الكتب للطباعة والنشر - جامعة الموصل - ط/٢ - ١٩٩٩ / ١٢٣-١٢٨ .

(٤) الذيل على الروضتين / ٢٤ .

* فعج الى وادي ... النجوم الزاهرة ١٧٦/٦ .

حـي كثيـب الرمـل رمـل الحمـى   وقـف وسـلم لي عـلى لعلـع
واسـمع حـديثا قـد روتـه الصـبا   تسـنده عـن بانـة الاجـرع
وابـك فـما في العـين مـن فضـلة   ونـب فـدتك الـنفس عـن مدمعـي
وانـزل عـلى الشـيح بواديهـم   وقـل ديـار الظـاعنين اسـمعي

يتضح لنا الانتقاء الاسلوبي التركيبي بطغيان الصيغ الفعلية بلازمة (الامر)، لتحريك دلالات النص. لان الفعل (يمنح الخطاب حركية والاسم يمنحه استمرارية وثبوتا)[1] وعن طريق حركية الافعال هذه يعبر النص عن دائرته الدلالية التي جاءت في طلب تحقيق ما لا يستطيع تحقيقه الشاعر جراء (البعد). إنّ هذه الدلالة النصية تحوم حول العلائق الاسنادية الشعرية (صيغة الامر) التي استمرت بفضل الوصل (الواو) الذي زاد بدوره مساحة الدلالة لافساحه المجال امام استمرارية الافعال. وهذه الافعال بصيغة (الامر) على الرغم من مجيئها عشر مرات في النص وتمثيل المسند اليه المستتر فيها المعادل النفسي لذات الشاعر المبعدة، الا انها لا تخرج عن كونها اساسا تلتف حول ذات الشاعر، التي تمثل المحور الذي يدور حوله النص. وهذا واضح في قوله (ان كنت لي) فـ (لي) العائدة الى الشاعر، تمثل الانطلاق الدلالي الذي تحرك بفعل حركية الافعال (الامر). حيث تمثل الذات الشاعرة هنا (المسند اليه او الموضوع العام، وتكون كل الافكار الواردة في الخطاب مسندات له. انه الكل الذي تكون هذه الافكار اجزاءه)[2] هذا التوليف الاسلوبي الذي فيه اسقاط محور الدلالة وابعاده عن الذات الشاعرة التي لا ينفك ان يعود اليها بتوجيه الصيغة الى المخاطب المستتر (الامر)، له مغزاه وهو تكثيف

(١) بنية الخطاب الشعري /٥٤.
(٢) بنية اللغة الشعرية / ١٦١ .

الدلالة. فتوجيه الافعال (سل - قل - انزل -اسمع ...) الى الذات المسند اليه المخاطب المستتر، يفصح عن عدم جدوى اشتغال الدال حوله، والدليل على ذلك استتاره ليبقى المسند اليه البارز ياء المتكلم في (لي) العائد الى الشاعر. فضلا على ذلك انتقال الصيغة النحوية من الامر لعدم جدواها في تحقيق ما يريده الذات (المسند اليه الحقيقي)، الى صيغة عائدة الى الذات (الشاعر) مباشرة وذلك بقوله[١]:

اذا تـــذكرت زمانـــا مضىـــ ... فـــويح اجفـــاني مـــن مـــدمعي
يـــا نفـــس كـــم اتلـــو حـــديث المنـــى ... ضـــاع زمـــاني بـــالمنى فـــاقطعي

الا ان مجئ (الامر) بكثافة مستمرة وانتشاره على سطح النص بشكل متواز، حقق بعدا اخر للنص، وذلك بتكثيف دلالته النصية واخراجها من حيز دائرتها التقليدية التي تشتغل في المفردات المعجمية، الى حيز نطاق جديد متكئ هذه المرة على النسيج التركيبي الذي حرك الدلالة بشكلها هذا. لذا يمكن ان تعد هذه الابيات بـ (صيغة الامر)، جملة شعرية واحدة عائدة الى مسند اليه حقيقي، وذلك عن طريق عنصر الوصل (الواو) الذي لم يقطع التركيب للوقوف على دلالته، بل استمر ليستقر في النهاية بالعودة من جديد الى محور النص (الذات الشاعرة).

وقوله[٢]:

اذا جـــزت بـــالفور عـــرج يمينـــا ... فقـــد اخـــذ الشـــوق منـــا يمينـــا
وســـلم عـــلى بانـــه الواديـــين ... فـــان ســـمعت اوشـــكت ان تبينـــا
ومـــل نحـــو غضـــن بـــارض النقـــى ... ومـــا يشـــبه الايـــك تلـــك الغصـــونا

(١) الذيل على الروضتين / ١٤ .
(٢) الذيل على طبقات الحنابلة - ٤٢٤/١ .

وصــــح في مغانيهـــم ايــن هـــم وهيهـــات امـــوا طريقـــا شــطونا

ان النسق التركيبي الدلالي في هذه الابيات متمحور في الصدر بصيغة (الامر)، بوصفه المحرك للدلالة النصية، والعجز فيه مكمل تقريري لارساء بنيان النص مبتدئا ذلك من اسلوب الشرط في مستهل القصيدة الذي يبغي حتمية الحكم والالزام. الا ان (ورود الامر في سياق الشرط يخفف كثيرا من المخاوف التي يوحي بها اسلوب الشرط لدى القارئ)[1]، ولا سيما عند مجيئه بشكل متتال دال على التقريرية، كما في هذه الابيات. هذه الجمل بتعاقبها البسيط وبانسيابية مستمرة بفضل الوصل (الواو)، تسهم عن فيض وافر من التعبير عن المواقف والمشاعر المكتنزة في نفس الشاعر، وتفضي الى حركية الانفعال العالي في النص، ومن ثم الى تنامي الدلالة النصية. فالبيت المفتتح بالوصل (الواو) يعد جملة دلالية مكتفية بـذاتها. لان (قوة الوصل التي تحققها اداة العطف تبقى اولا واخيرا حواجز السنية بين الجمل لا تسمح لسياقتها التركيبية ان تختلط ببعض، فهي اذن كالجسر الذي يربط ضفتين، اذ ان ذاك الربط لا يعنـي ان تينـك الضفتين ملتقيتان بالفعل)[2] الا ان تواتر صيغة (الامـر) بالمفتتح الوصلي، يؤدي الى تعالق الجمل فيما بينها، وتصبـح بتعالقها كجملـة شعرية واحـدة حاملة للدلالة العامة. هـذا التناول الاسلوبي يبغي من خلاله الشاعر اسقاط ما يشعر به من حسرة وما يرتايه من عمل اذا اصبح قريبا من ديـاره على الذات المخاطب (انت) المستتر. وذلك بقصد تكثيف التصوير لمفاصل الاشياء، ليشعر القارئ بحجـم معاناتـه التي يعانيها جراء البعد.

---

(١) شعر محمود حسن اسماعيل – دراسة اسلوبية – ماجستير / ١١١.

(٢) نفسه/ ٨١ — و- دلائل الاعجاز / ١٧١ وما بعدها .

وقوله[1]:

وعــش ســالما مــن كــل منيــة حاســد　　　ومــن شر ذي شر ومــن كيــد ذي ضــغن

ومر وانه وانعم واعل وانـق وطب وجد　　　وعــد وارق وازدد واســم بــالفهم والــذهن

هذا نموذج تركيبي اخر تبدو فيه صيغة الامر ملتصقة بالوصل، بوساطة (الواو). وذلك كما ذكرنا من قبل، لخلق حالة من الاستمرارية الدالة على التقريرية. فصيغة (الامر) جاءت في مدح القاضي (ابا يعلي)، وافعالها تدل على ذلك، فمنها ما يدل على (جوده - ونبله وعلمه...) وقد ارسى هذا المؤشر الاسلوبي دعائم الدلالة وزاد من حضورها عند المتلقي لكثافته المستمرة. وعلى الرغم من مجئ فعل (الامر) احدى عشرة مرة في حيز بيت واحد، ياتي البيت كله بمثابة جملة لغوية واحدة، لعدم انقطاع استمراريته بفضل الوصل من جهة، ودورانه على مسند اليه واحد وهو الذات (القاضي) من جهة اخرى. لان الجملة (بناء لغوي يكتفي بذاته وتترابط عناصره المكونة ترابطا مباشرا او غير مباشر بالنسبة لمسند اليه واحد او متعدد)[2]

وفي مجمل ما عرضنا من امثلة، يتضح لنا ان اسلوب الامر في شعر ابن الجوزي، جاء مقترنا بالوصل بوساطة (الواو) لتكثيف التصوير الذي يريده في نصه، ليشكل نسبة ٩٥% والنسبة المتبقية متناثرة في اثناء الابيات من غير الوصل....

٣.الاستفهام:-

تعمل الجمل النحوية المنتظمة في البنية التركيبية العامة التي تشمل السياق، على اغناء دلالات النص الذي تاتي فيه وترفع من قيمته تبعا لحركيتها الخاضعة لكل قسم

(١) الذيل على طبقات الحنابلة- ٢٤٦/١ .

(٢) دليل الدراسات الاسلوبي / ٤٠ .

منها. لكونها أي (البنية النحوية) (تؤدي في الاثر الشعري وظائف مكملة لا تؤديها في غيره)[١]

ومن مواضعات البنى التركيبية ينبثق الاستفهام الذي يعد من اساليب الطلب النحوية، التي تخرج عن حيدة الاخبار الى السؤال بفضل دخول الاداة عليه*. كي يحرك دلالات معينة في هذه البنى. وهو اسلوب يبغي او (يطلب به المتكلم من السامع ان يعلمه بما لم يكن معلوما عنده من قبل)[٢] ليتضح له ويستبان الخبر، أي ان الجملة الاستفهامية هي (الجملة التي لها علاقة بالاسئلة بمقتضى صيغتها ووظيفتها)[٣]

ويتم هذا الاسلوب بطرائق منها ان تكون الاداة مذكورة صراحة، اوان تكون غير مذكورة يستدل عليها عن طريق سياق النص، وذلك تحت مسمى (اسلوب مباشر). وقد يتم بطريقة غير مباشرة يستدل عليها من السياق عبر قرائن (فعلية-اسمية) مثل (اسال- سال...)، أو انه ياتي بنغمة صوتية خاصة تندرج في مضماره (وكل من هذه العناصر يؤدي معناه ويقع في موقعه اصالة وليس نيابة عن غيره، فهو في موقعه اصل)[٤] وعلى الرغم من مجئ الادوات لافادة التحويل من سياق الاخبار الى الطلب

(١) في سيمياء الشعر القديم (دراسة نظرية وتطبيقية) – محمد فتاح- دار الثقافة- الدار البيضاء- المغرب- ١٩٨٢/٤٦-و- في معرفة النص/ ١٢٧ .

* ان جملة الاستفهام جملة تحويلية اصلها التوليدي كان لمعنى الاخبار ، أي انها عند التحويل خرجت عن الاصل الاخبار الى الطلب- في التحليل اللغوي/١٠٥ .

(٢) اسلوبا النفي والاستفهام في العربية (في منهج وصفي في التحليل اللغوي) – دراسات واراء في ضوء علم اللغة المعاصر- د. خليل احمد عمايرة- جامعة اليرموك/ ٧ .

(٣) اللغة والمعنى والسياق- ٣٠ .

(٤) اسلوبا النفي والاستفهام في العربية / ٥٠ .

وباسلوب (مباشر) و (غير مباشر). تكون عملية التنوع في استخدام الادوات ضمن نص ما دالة على تنوع المواقف الشعورية التي تعتري الشاعر.

وبادئ ذي بدء نقول: إنّ مقاربتنا اسلوب الاستفهام في شعر ابن الجوزي، تهدينا الى مجريات تنظيمه في سياقات خاصة. وبعد تفحص النماذج التي ورد فيها هذا الاسلوب، وجدنا ان استفهامات ابن الجوزي جاءت واضحة الاداة وباختلافها (متى - أين -أ -هل- كم). أي ان سياق النص في شعره قد تاطر بها وابتعد عن دائرة الاداة غير المذكورة، او الاستفهام غير المباشر. مما يدل على ان شاعرنا لا يتخفى وراء ستر الابهام عن طريق طرق باب مغالق الالغاز، وانما كان دائم الطلب وبصيغة معلومة. فضلا عن ذلك فان الصيغ الاستفهامية الواردة في النصوص، قد خرجت عن مواضعات السياق الاخباري الطلبي، من حيث انتظار المتكلم الاجابة عن سؤاله، الى صيغة اخرى مؤطرة بملامح العتاب والانكار المسقط على المخاطب.

الى جانب ذلك فاننا لم نجد السمة التراكمية في صياغة هذا الاسلوب على مدار النص، وانما جاء محصورا في نطاق البيت والبيتين والثلاثة.

وبعد الذي عُرض يمكن ان نلمس إنموذجين أو ثلاثا لنبين من خلالها مدى فاعلية هذا الاسلوب ضمن نطاق السياق الشعري عند ابن الجوزي منها قوله(1):

لو كان هذا العلم شخصا ناطقا - وسالته هل زرت مثلي ؟ قال: لا

ان هذا البيت ينتمي الى مقطوعة مكونة من اربعة ابيات تصب في افتخار الشاعر بمدى علمه الواسع الذي لا يساوي شيئا بدونه (أي الشاعر)، الى ان وصل به زبى الافتخار الى جعل العلم كائنا حيا يحس ويشعر، كي يلبي ما يريده، وذلك باجابة

(١) الجامع المختصر - ٩/٦٧ .

السائل بانه لم يشهد احدا اقدر عليه سواه (الشاعر). هذه الفكرة التحويلية انبثقت من ملامح التساؤل في شطريه (غير مباشر) المتمثل بقرينه (سالته)، والمباشر بوساطة الاداة (هل). حيث عمق هذان الملمحان اواصر الدلالة في البيت الذي ينتمي الى بناء متكامل، والذي يصب في الدلالة نفسها. وقد نمّ التعارض القائم بين صيغتي الاستفهام (سالته - هل)، على تدعيم الدلالة. فصيغة (سالته) لا تبغي اعطاء اجابة محتومة في اطار محدد، على العكس من صيغة (هل) التي تبغي تحديد الاجابة بنعم او لا. هذا التعارض المستوطن في السياق التركيبي، رجّح كفة السؤال بالاداة (هل). حيث جاءت الاجابة في النهاية (لا). ويعود مبعث رجحان هذه الصيغة بـ (هل)، الى انها تخرج عن كون هل (حرف استفهام يقصد به طلب التصديق الايجابي فياتي لتحقيق الاستفهام عن النسبة سواء كان ذلك في جملة اسمية ام في جملة فعلية)[1] فالجملة الاستفهامية في مجملها امتلكت فاعلية شعرية بتمثيلها قمة هرم الدلالة في المقطوعة، والبؤرة الرئيسية التي تجتمع حولها هذه الدلالة، وذلك باعطائها النتيجة النهائية للافتخار الدائر على العلمية، وبوساطة المنحى الاستعاري بجعل العلم شخصا ناطقا، تكتمل دائرة الصورة الشعرية، لاكتمال مدى الفخر باعتراف العلم نفسه بذلك.

وقوله[2]:

الى متـــى يـــا حبيبـــي ؟   هـــذا الجفـــا مـــا ينقضي ـــــ

مـــا ان ان تتعطـــف   عـــلى قتيـــل هـــواك ؟

(١) اسلوبا النفي والاستفهام في العربية / ٧٥ و اساليب الطلب عند النحويين والبلاغيين / ٣٦١ .
(٢) كتاب التراث الشعبي - ديوان الكان وكان / ٧٧ .

خرجت الصيغة الاستفهامية في كلا البيتين عن السياق الاخباري (الطلبي)، على الرغم من مجئ اداتي السؤال (متى-ما). فالبيت الاول على الرغم من زمنيته عبر لازمة الاداة (متى)، لم يرد لطلب الاجابة، وانما جاء على محك الانكار واللوم، ودليل ذلك قرينتا البعد (المكان – الزمان). فالمكان يتمثل في اسلوب النداء (يا حبيبي) مما يدل على وجود فجوة كبيرة وعميقة بين ذات الشاعر ومحبوبه، والزمان وارد باسلوب النفي (ما ينقضي)، ليدلل ذلك على ان زمن الجفاء مازال مستمرا لا انقطاع فيه، وكونه لا ينتهي، ولو جاء الفعل المضارع وحده (ينقضي) لكان المراد منه معرفة الزمن الذي سينجلي به هذا الجفاء. هاتان القرينتان اللتان جاء بهما الشاعر هما لتقرير الحالة، وليس لطلب الاجابة عن تساؤله غير المسموع من قبل محبوبه بدليل (الجفاء) الذي يمثل اقصى درجات القطيعة. هذا التوظيف الاسلوبي في صيغة الاستفهام زاد من فاعلية البيت شعريا. بعدها يعرج على البيت الاخر (الثاني) وينتفي عنده عنصر الزمن المفتوح ويحصره بلازمة (ان) الدالة على الحاضر، ليكتمل بها سيناريو الصورة ببلوغ الشاعر اعلى مرتبة من القطيعة بقوله (قتيل هواك)، وباتحاد البيتين تكتمل مجريات الطلب الانكاري، وما مجيئهما في مفتتح القصيدة، الا لزيادة تشويق القارئ لمعرفة مغزى هذا التشكيل، بوصفهما يمثلان راس الدلالة النصية في الابيات جميعها التي تصب في منعطف (استعطاف الحبيب وكسر خاطره). أي ان صيغة الاستفهام لم تكن شيئا طارئا في مستهل القصيدة، وانما مثلت مركز ثقل الدلالة وانطلاقها.

وقوله[1]:

وصـــح في مغـــــانيهم ايـــن هـــم ؟ وهيهــــات امـــوا طريقـــا شــــطونا

(١) الذيل على طبقات الحنابلة – ٤٢٤/١ .

اراك يشـــــــــــــوقك وادي الاراك ألـلـــــــــدار تـــــــبكي ام الظاعنينــــــــــا ؟

ان سياق الاستفهام في هذين البيتين اللذين يتوسطان القصيدة، يمثل تقرير الدلالة العائدة الى (ذات الشاعر). فالمخاطب بصيغة الامر هنا هو المعادل الموضوعي للشاعر نفسه الذي يمثل المحور الدلالي في القصيدة. والغرض من ذلك هو تعميق الدلالة وتكثيفها. فالشاعر بعيد عن اهله ودياره ولا يستطيع وصولها فيخاطب صديقه كي يحقق له ما لا يستطيع فعله، وذلك بصيغة الامر. فهو يطلب اليه ان يعرف مكانهم (اهله) بقوله: (اين هم؟) ولكن دون جدوى من ذلك. وهذا بين لتقرير الحالة بعدم معرفة مكانهم بصيغة الاستفهام (اللدار تبكي ام الظاعنينا) المندرجة في سياق المخاطب (اراك يشوقك). أي انه في نهاية المطاف يبكي لعدم معرفته مكانهم للقياهم فيصبح عندها كالشاعر بعيدا عن اهله. أي ان النتيجة النهاية هي بعد انا الشاعر..

وبعد الذي عرضنا له من نماذج كانت تمثل نقطة الدلالة في نهاية النص الشعري وبدايته ووسطه. يجدر بنا ان نشير الى ان مجئ سياقات الاستفهام في نطاق البيت والبيتين لا يعني ضمور فاعليتها الشعرية وتراجعها امام السمة التراكمية، وانما يكون لها ثقل كبير في تحريك دلالات خاصة بحسب موقعها ضمن النص. اذ ان (ورود جملة استفهامية واحدة تملك - ضمن وحدة النص - اثرا شعريا يجعلها تملك بروزا لطابعها الخاص)[1] أي ان النص بحسب ظواهره المميزة. يكون منبعا لدلالات معينة يتعين على القارئ بناؤها لتمثيلها نقطة الانطلاق لكل التحديدات المتعينة للعمل الفني[2] وهذا ما الفيناه في سياقات الاستفهام في شعر (ابن الجوزي).

(١) اسلوبية البناء الشعري - دراسة اسلوبيه لشعر سامي مهدي / ٩٩.
(٢) شفرات النص / ١٥٥ .

المبحث الثاني

أساليب أخرى

١-الجمل الفعلية والاسمية ذات المحور الثابت:

تعتمد عملية التنظيم الشعري على اسلوب الشاعر المبدع في الابتكار اللغوي المتضح في النسق التركيبي المتفرد، مـن حيث رصف بنائه بالفاظ تنمي الخطاب بدلالات موحية، بحيث تكون (اللفظة جزءا من هذا التركيب، وليست منتقاة لذاتها كي تنقل البيت الشعري من موضع جمالي الى اخر)[١]

وهذا يتم في ضوء الاختيار المنطقي المبني على رؤيـة المبـدع، ليفضيـ الى فـرادة اللغـة الشـعرية في الخطـاب. وعنـد التفرس في النسق التركيبي هذا او ذاك، تتضح وتنكشف امامنا خصائص اسلوبية مبثوثة في اثناءه، تمثل دور البروز لفعاليتهـا الشعرية، تستوقفنا لمعرفة مغزى مجيئها. وعن طريقها نصل الى فهم عام لاسلوب الخطاب الذي يعد بدوره جسرا الى معرفة (مقاصد صاحبه من حيث انه قناة العبور الى مقومات شخصيته لا الفنية فحسب بل الوجودية مطلقا)[٢]

وبما اننا بصدد البحث عن مقومات النسق التركيبي فنيا، فان ذلك يـدفعنا الى جدليـة كـون (القصيدة عنـد الشـاعر مرتبطة بالشكل الكلي، ولكن داخل هذا الشكل

---

(١) اللغة الشعرية- محمد رضا مبارك / ١٤٢ -و- المثل السائر في ادب الكاتب والشاعر - ابو الفتح ضياء الدين ابن الاثير الموصلي- تحقيـق- محمـد محيـ الدين عبد الحميد- شركة ومطبعة مصطفى البابي الحلبي واولاده بمصر- ١٩٣٩-١٩٢/١ .
(٢) الاسلوبية والاسلوب- المسدي/٦٤- و- الحركة والسكون- ١٣/٢.

العام هناك اشكال عدة تجعل الحديث عن قصيدة لا تتكرر...)[1] لذا فان البحث في هذه الخصائص (الاشكال) في الخطاب، يتطلب الدقة والحيدة في التماس ابرزها. ويكون التعامل معها على اساس فاعليتها الشعرية وحركيتها في انماء الدلالة النصية.

ومن مرتكزات الشكل الكلي في القصيدة، تنبثق صيغة الجمل الفعالة (الفعلية والاسمية) في بناء الخطاب الشعري (تركيبا- دلاليا) لتكون محور دراستنا هنا.

وقد يعود السبب في استخدام هذه الجمل، الى الحالة النفسية للشاعر من حيث الرغبة الخاصة والتركيز على جانب معين دون الاخر، إذ يكون له موقع الصدارة في اثارة الانتباه. فضلا عن كون البناء الشعري الموسيقي هو الاخر قد يستدعي البدء بجمل اسمية او فعلية لتتناسب مع متطلباته[2].

وتبدأ دراستنا في هذا القسم بالوقوف على الجملة (الفعلية والاسمية) التي تمثل البؤرة ومفتاح الحركة الفعالة، والموقف الشعري، والتي تلتف حولها الجمل الاخرى لاكمال مقومات الصورة الشعرية في اثناء الخطاب، متجاوزين الصيغ الاخرى، من حيث نوع الفعل المكرر، او طغيان الصيغة الفعلية على الاسمية وبالعكس، وغير ذلك من الصيغ.

ويمكن بعد ذلك ان ندخل في مفاصل هذا القسم، على شكل انواع نتوخى منها تفصيل القول فيها، من حيث اشباعها فيضا وافرا من التحليل كي تتضح صورة هذا القسم وتكتمل. وهي كالاتي:

---

(١) الشعر بين الرؤيا والتشكيل- عبد العزيز المقالح- دار العودة- بيروت- ١٩٨١/١٠٢ .

(٢) الحركة الشعرية في فلسطين المحتلة / ٣٠٥ .

أ-فعلية فعلية:

في هذا النوع تلعب الجملة الفعلية دور المسند اليه الاساس الذي تستند اليه بقية الجمل الفعلية الاخرى ولا تخرج عن اطاره بل تمسك بتلابيبه لاكمال اطار الدلالة ... .وكذا بقية الانواع.

ويمكن ان نعرض لمثال على ذلك بقوله(١):

مـا زلـت ادرك مـا غـلا بـل مـا عـلا	واكابـد الـنهج العسـير الاطـولا
تجـري بي الامـال في حلباتـه	طلـق السـعيد جـرى مـدى مـا امـلا
يفضي بي التوفيـق فيـه الى الـذي	اعمـى سـواي توصـلا وتغلغـلا
لـو كـان هـذا العلـم شخصـا ناطقـا	وسـالته هـل زرت مـثلي ؟ قـال: لا

تصب هذه الابيات في بودقة الفخر لذات الشاعر، وهذا بين من الدوال التي حملت المعنى في ضوء اتكائها على السياق التركيبي، فالبيت الاول يدل دلالة واضحة على مشروعية الفخر بالنفس، ومجيء البيت الثاني والثالث هو لتدعيم هذه المشروعية. فمجرى القول فيهما عائد الى ذات الشاعر، فالامال تجري بالشاعر لتحقيق غاياته التي يريدها، والتوفيق الذي يرتايه في حياته، ولا سيما في مجال علمه يفضي به الى اعلاء شانه في العلم الذي لا يساوي شيئا بدونه، لينتهي الامر في البيت الرابع باقرار الاعلاء، وذلك بجعل العلم شخصا ناطقا حتى يسال عن الشاعر فيجيب. هذه الابيات بحركيتها الدلالية المتاتية من حركية الافعال وزمنيتها في ظل السياق التركيبي المنتظم، استندت الى بؤرة انفتاح سياقي (تركيبي - دلالي) واحد. حيث نلحظ ان حركية الافعال الداخلية في هذه المقطوعة (واكابد النهج....تجري بي الامال....افضى بي التوفيق....وسالته

(١) الجامع المختصر- ٦٧/٩ .

هل زار.... قال:لا)، جميعها مرتهنة بالجملة الفعلية الام (مـا زلـت ادرك مـا)، التـي تمثـل دور البـؤرة هنـا ومفتـاح الانطلاق الدلالي المتسم بالحركة. فضلا عن ان مجيء الافعـال في مسـتهل (الصـدر والعجـز)، زاد مـن اثـراء الحركـة وتصـدير الحدث وان تتاليها بشكل دائري عائد بعضها على بعض، ينم على كون الصورة سريعة في تصوير الحدث وتقديم الدلالة.

ب-اسمية اسمية:

نعرض هنا لقوله(1)

والحمـــد للـــه عـــاد جســـمي   بعـــد الســـقام الى الســـلامة
وقمـــت مـــن علـــة اقامـــت   عـــلى افاتهـــا القيامـــة
وهـــا أنـــا ســـالم ولكـــن   مـــن لي مـــن المـــوت بالســـلامة
ولي غـــريم مـــن المنايـــا   قـــد لزمتنـــي لـــه الغرامـــة
وبالتقـــاضي لـــه اذان   وانمـــا ارقـــب الاقامـــة

تتراصف في هذه المقطوعة متتاليات لسانية بشكل مسترسل ومتدافع، تعمل على تنمية الفاعليـة الشـعرية دلاليـا في رسم ابعادها. هذه المتتاليات اللسانية (الاسمية) بسمتها التراكميـة، تـدفع الى سـكونية السـياق الشـعري لسـكونية الجمـل الاسمية وثباتها. فهي (تفيد ثبوت الحكم دون النظر الى التجديد)(2) فضلا عن ان الاسمية باتصافها بالتقريرية المباشرة التـي تنمي اثار السرد في النص، جاءت متماشية مع الوصف الذي

(١) مقامات ابن الجوزي ص٢٠٥ .
(٢) الاصول- دراسة ابيستيمولوجية للفكر اللغوي عند العرب- د. تمام حسان- دار الشؤون الثقافية العامة- بغداد- ١٩٨٨/٣٥٠ .

يحتاج الى هذا الاسلوب (التقريري)، وذلك من حيث الاطناب في تقرير الحالة، لعدم قدرتها الحركية وسرعتها في تصوير الحدث كالفعلية. هذا النوع من الجمل يسمى جملة التمثيل الخطابي وهي (جمل بلاغية تعتمد على التمركز المنطقي، وتتجه نحو تاسيس قول جامع لمعنى ثابت. وفيها نسخر الكلمات بكل طاقتها البلاغية لاداء ذلك المعنى المحدد وخدمته. وهدف الشاعر منها هو المعنى)(١)

فالمعنى في هذه الابيات ثابت، وهو الشكر المقرون بالنصح. فالشاعر يشكره تعالى لانه اقامه من مرضه، واسلمه من الاذى. وان التفاف الجمل حوله (المعنى)، هو لتدعيم هذا المعنى واعطائه مدى ارحب في سلم الصورة الشعرية، ويمكن ان نلمس بؤرة الانطلاق (التركيبي- الدلالي) التي التفت حولها وتعاضدت المركبات الاسمية التقريرية على وفق هذه الخطاطة:-

وها انا سالما

والحمد لله عاد جسمي ——< ولي غريم من المنايا

دور المسند اليه   وبالتقاضي ..... وانما ارقب

ج-فعلية اسمية:

على الرغم من حركية الجملة الفعلية، وسرعتها في تصدير وتصوير الحدث، يكون مجيء الاسمية بتراكمية تتابعية مسندا يدور على المسند اليه (الفعلية)، هو الغالب في سياق النص وذلك لثبوتيتها كما اسلفنا تارة، وكثرتها تارة اخرى. ومثال على ذلك قوله(٢):

(١) الخطيئه والتفكير / ٩٧ .

(٢) الذيل على الروضتين /٢٥ .

الله اسال ان تطول مدتي وانال بالانعام ما في نيتي
لي همة في العلم ما من مثلها وهي التي جنت النحول هي التي خلقت
من العلق العظيم الى المنى دعيت الى نيل الكمال فلبت
كم كان لي من مجلس لو شبهت حالاته لتشبهت بالجنة
اشتاقه لما مضت ايامه عطلا وتعذر ناقة ان حنت
يا هل لليلات تقضت عودة - ام هل الى وادي منى من نظرة
قد كان احلى من تصاريف الصبا ومن الحمام مغنيا في الايكة
فيه البديهات التي ما نالها خلق بغير تصبر ومبيت
برجاحة وفصاحة وملاحة يفضي لها عدنان بالعربية
وبلاغة وبراعة ويراعة ظن النباتي انها لم تنبت
واشارة تبلى الاديب وصحبه في رقة ما قالها ذو الرمة

ان الرؤية النصية الدلالية المبثوثة في القصيدة، مرتهنة بالتشكيل التركيبي الذي اكسب النص شعريته، وذلك بوصفه الطريق الذي تتحرك به بؤرة الانطلاق الدلالي. فالنص على ما يبدو قد نظم بالمنفى لوجود مؤشرات دلالية طافحة على سطح الابيات تصب في هذا المنحى، وهي تتمثل في اشتياق الشاعر الى مجلسه الذي قضى فيه اوقاتا جميلة، واخذ يسبغ مديحه عليه، ويتمنى عودة تلك الليالي التي قضاها فيه. هذا المؤشر الدلالي المتكئ على التركيب عائد الى (انا) الشخص الذي يمثل المحور الذي تدور عليه هذه الدلالة. مما يحتم طغيان (انا المتكلم) في النص. وقد ساعد على ذلك اسلوب التعالق الجملي (الفعلي - الاسمي) المتراص في نسق تركيبي عام، لينبثق منه فحوى الدلالة، وذلك ابتداء من نقطة الانفتاح النصي بقوله: (الله اسال ... وانال بالانعام.) حيث

يمثل المسند اليه المستتر (انا) هذا الانفتاح، لتتعالق معه الجمل (الفعلية - الاسمية) وتدور عليه لاكمال مشروعية الصورة الشعرية. لان (اجزاء النص الشعري مهما تباينت ظاهريا فيما بينها، فانها لا تنفك تدور حول نواة دلالية واحدة)[1] وعلى الرغم من تعالق الصيغتين (الفعلية - الاسمية) ودورانها حول مسند اليه واحد (الانا) بوصفها مسندا، ياتي رجحان الغلبة في هذا النص للاسمية على الفعلية. على الرغم من حركية الافعال وقوة تصويرها للموقف والحدث، ولا سيما عند مجيئها في تصدير الابيات. فضلا عن (التجدد في زمن معين مع الاختصار)[2] وذلك لكون زمنية الجمل الفعلية تدل على انتفائها وقضاء وقتها، لدلالة الافعال بزمنيتها عليها المتمثلة بالماضي (خلقت - دعيت - كان)، لتأتي عندها الاسمية لسكونيتها وثباتها في خدمة النص. حيث افادت في دفع السرد الذي يدور على وصف تلك المجالس، التي تمثل قرينة ملازمة للشاعر. لان مشروعية النص، هي وصف مجالس الشاعر. وما تتابع مجيئها بنسق التراسل بين بيت واخر، وتواليها في نهاية القصيدة، الا لوصف تلك المجالس، لتزداد الدلالة النصية ارتباطا بالذات المعنية. وقد استطاع الشاعر هنا استنفاد طاقات هذا الاسلوب (التعالق الجملي) بغلبة الاسمية في صوغ رؤيته الشخصية لتجربته التي مرت. وذلك بتخصيص المسند المعنوي (الجمل الاسمية) بالمسند الحقيقي (الانا) وبنسق التراسل والتوالي، كي لا تبتعد الدلالة عن محور الذات المخصوص (الانا)، الذي يشتاق الى تلك المجالس التي افاض فيها علمه ومعرفته، لتكتمل عند ذلك صورة النص شعريا ...

(١) شعر محمود حسن اسماعيل - دراسة اسلوبية - ماجستير / ١١٨.
(٢) الاصول - دراسة ابيستيمولوجية للفكر اللغوي عند العرب / ٣٥١.

د.اسمية فعلية:

وهي نقيض السابقة حيث الاسمية محورية والفعلية تدور عليها ومثال ذلك قوله[1]

هــــذا الخيـــــف وهاتيــــك منـــــي   فترفــــــق ايهــــــا الحـــــادي بنــــــا

واحـــــبس الركـــــب علينـــــا ســـــاعة   ننـــــدب الربـــــع ونــــــبكي الـــــدمنا

فلـــــذا الموقــــــف اعـــــددنا الاسى   ولـــــذا الـــــدمن دمــــوعي تقتنـــــا

زمنـــــا كــــــانوا وكنــــا جــــيرة   يــــــا اعــــــاد اللــــــه ذاك الزمنــــــا

اذا ما تلمسنا مرتكزات السياق التركيبي في هذه المقطوعة، وجدنا مركّبات فعلية اخذت تتعالق فيما بينها بشكل سلسلة، لتلتف حول مسند اليه (هاتيك مني)، يعد المفتتح الاستهلالي للمقطوعة والمحرك الاساس لدلالة السياق نصيا. وهذا بين في الخطاطة:

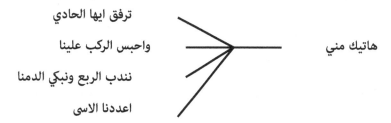

فهذا الشكل التوضيحي يدل على كون المركبات الفعلية المتعالقة مع بعضها، متسمة بحركية تدفع حركية الصورة وسرعتها او (حدث يوحي بالتفاعل والصراع. اضافة الى قابلية الافعال للمزج بين الحدث والزمن في اللفظ ذاته)[2] واذا ما وضعنا

(١) مراة الرمان - ٨/ق ٢٢٩/٢.

(٢) لغة الشعر العراقي المعاصر / ١٥٦.

ايدينا على واقعها الدلالي، وجدناه يتماشى مع استحضار المسند اليه الرئيس في المقطوعة (هاتيك مني)، وهذه الدلالة هي الحسرة والالم. حيث يدور فلك المقطوعة على كون الشاعر يلتمس لنفسه بصيصا من الامل بعودة مجريات حياته السابقة، متمثلة في احبابه الذين غابوا عنه لتجليات البعد المكاني، الذي يعانيه في منفاه (واسط)، فهو يطلب من صاحبه ان يطيل الوقوف على الديار التي تركها عنوة عنه ليذرف الدموع عليها، وهو يتمنى عودته الى تلك الديار ورؤية اهله.. وقد ساعد على ترويج الدلالة النصية هذه والمستوطنة في النسق الشعري التركيبي، غلبة الفعل المضارع الذي يحمل دفقات اللحظة الانية الحالية في سياق الجمل الفعلية، وهذه الانية تمثل اللحظة الشعورية النابعة من كوامن الشاعر. فالفعل المضارع المتولد في مهد السياق التركيبي العام، نشّط فاعلية االدلالة وخلق لها استمرارية منشودة لدلالته على مشروعية احساس الشاعر الاني بفراق احبابه وتذكرهم في كل لحظة ووقت. أي انه (الفعل المضارع) يمثل لحظة الخلق للكلام بخلاف الماضي الذي يفرز حدثا قديما ميتا لا جدوى منه في تحريك فاعلية البيت او المقطوعة ان وجد بها، والامر الذي يدل على تقريرية مباشرة لا تبارح ان تنتهي بعد الامتثال لطلبه، وذلك كله مرتهن بالسياق العام الذي يحرك ويغير زمنية الافعال بحسب دلالته التي يقتضي عرضها. أي انه يُنتج (دلالة الفعل بان يفرغها من الدلالة المخصوصة لها قبل النص، ويحملها دلالة اخرى تنسجم ودلالة النص العامة)[١]

٢.السـياق الشـرطي:

تكمن وظيفة السياق الشرطي ضمن اطار المتن الشعري المتوافر فيه تركيبا، في تحريك دلالاته وتمتين اواصرها تارة، وتحريك نشاط المتلقي الواعي الذي يندمج مع

(١) شعر البردوني – دراسة اسلوبية – ماجستير / ٤٩.

مجريات النص المقروء تارة اخرى. فضلا عن ذلك تبدو هذه الوظيفة (اكثر فائدة بالنسبة للنماذج الشعرية التي تحتل مساحة واسعة، وذلك راجع الى تعدد احد طرفي العلاقة الاسنادية)[1] والشيء الذي ينبغي الاشارة اليه، هو ان هذه الادوات (الشرط) لا تمت الى المعنى بصلة ما، قدر مجيئها اداة رابطة داخلية لزيادة الوحدة العضوية في المتن. وهي حالة الادوات النحوية عامة كما يقول ستيفن اولمان عنها: (ان هي في حقيقة الامر الا مجرد عناصر او وسائل نحوية ليس لها معنى مستقل خاص بها. ليست شيئا اكثر من وسائل وظيفتها التعبير عن العلاقات الداخلية بين اجزاء الجملة، ومنزلتها في علم النحو تستوي ومكانه التصريف والوسائل النحوية الاخرى التي تستخدم للغرض نفسه)[2] الا ان اهمية هذه الادوات ووظيفتها الى جانب العناصر الصرفية الاخرى داخل حدود البنى الاسلوبية (تتلخص في توسيع دائرة الاختيارات التركيبية المرتبطة بالبنية الصرفية: لما لهذه البنى الصرفية الجديدة من وظائف بنيوية ودلالية واسلوبية تتنوع بحسب السياق الذي تاتي فيه)[3]

ويكفي بعد ذلك ان نشير الى ان عملنا بوصفنا باحثين اسلوبيين، ينطوي على انزلاقنا في هوة وحدة النص، لا للكشف عن نمط اللغة حسب، وانما للكشف عن نمط (الابداع الفني كما تحقق بواسطة ادوات لغوية مخصوصة)[4] كي نستجلي بذلك مقاصد ورودها وابرازها مؤشرات اسلوبية.

(١) اللغة الشعرية دراسة في شعر حميد سعيد / ١٧.

(٢) دور الكلمة في اللغة - ترجمة - كمال محمد بشر - مكتبة الشباب - القاهرة - ١٩٧٥ / ٥١ .

(٣) الاسلوبيه اللسانيه - اولريش بيوشل - ترجمه خالد محمود جمعه - نوافد - السعوديه - ع - ١٣ - سبتمبر - ٢٠٠٠/ ١٣٩.

(٤) مفاتيح في اليات النقد الادبي / ٦٥ .

وقبل انجاز مشروع التطبيق التحليلي، وما يتيحه لنا التحليل التركيبي من استخراج (الرموز اللغوية ذات القيمة الاسلوبية البينة)[1] في النص. نرمي اقتطاف مجموعة من الملامح الاحصائية في هذا الجانب. كي تتضح لنا والقارئ مجريات المؤشر الاسلوبي هذا، ومدى اهميته في تركيبة النص. وبعد رصد نماذج شعر الشاعر في هذا القسم وجدنا ما ياتي:

١.شكلت الاداتان (اذا، ان) في سياق النص التركيبي، نسبة ورود عالية تفرض نفسها مؤشرا اسلوبيا، يستحق ابراز معالمه وأهمية تواتره، وذلك بنسبة٩٨%. وشكلت الاداة (اذا) تواترا اعلى بقليل من تواتر (ان)، اما فيما يخص ادوات الشرط (من – ما – حيثما – ايان- مهما – أي - انى – متى) فليس لها حظ في شعر ابن الجوزي سوى النسبة المتبقية ٢%.

٢.اقترنت الاداتان بالجمل الفعلية وبنسبة ١٠٠% ولم تقترن بالاسمية الا في بيت واحد، وجاء اقترانها بصيغة الماضي اكثر من صيغة المضارع.

٣.مجيء جملة فعل الشرط في صدور الابيات وجملة جواب الشرط في العجز، هو السمة الغالبة على السياق الشرطي.

وفي ضوء ما تقدم يمكن الوقوف على مجموعة من النماذج واحاطتها بالتحليل (إنْ) منها قوله[2]:

وان فهـت بالتـدريس نظمـت لؤلـؤا   وان تسـطر الفتـوى فالكـدر في القطـن

---

(١) دليل الدراسات الاسلوبية / ٤٦.

(٢) الذيل هلى طبقات الحنابلة – ٢٤٦/١ .

تشكل وظيفة التعليق الشرطي في هذا البيت، دور الارتباط بمرجعية النص الذي يدور على مـدح القـاضي ابـي يعـلي، من حيث علميته ومعرفته التي غلب بها اهل العلم والفضلية. والدليل على تواشج السياق الشرطي بالسـياق النصي ـ العـام، هو اقتران الشرط باداة الوصل (الواو) الدالة على استمرار المتكلم من دون انقطـاع في نفـض افكـاره عـلى ممدوحـه. فـالاداة (ان) قرنت بين جملتي فعل الشرط وجوابه، لتخلق بذلك تلاحـما نحويـا تركيبـا، وتعالقـا دلاليـا في كـل مـن الصـدر والعجـز. فالفعل (فهت) قابله جوابه المقترن بالفعل الماضي (نظمت)، على العكس من العجز الذي خرج فيه جواب فعله عـن حيـدة الفعلية الى الاسمية (فالكدر في القطن). ونلحظ ان مستوى جملـة فعـل الشرط (فهـت بالتـدريس)، قـد اثـار غلبـة علميـة الممدوح على اقرانه بتاطيره بجواب مادي ملموس (نظمت لؤلؤا). وذلك لتوسيع مدى الدلالة بطغيان علمية ممدوحه التي لا يستطيع ان يصل شاوها احد، وذلك لغلاء القرينة المادي (الؤلؤ) التي جاءت بتنظيم، أي دلالة على كثرتها. بعدها تكتمـل الوظيفة الشرطية في تحقيق ابعادها دلاليا، لسلوكها طريق المفاضلة وتصعيد غلبه الممدوح، على الرغم من الجـواب المقـترن (بالاسمية). الا ان ذلك لم يهدر من قيمة الوظيفة الشرطية التي (تتقوى نتيجة اقتران الاداة بصيغ فعلية)[1] لدخول الجـواب الشرطي (الاسمي) في رداء التشبيه، الذي يتخطى بانزياحه حركية اقتران الاداة بالفعلية. فقد شبه اصدار فتوى (فعل الشرط) بالدر في القطن. أي اتسام فتوى ممدوحه بالصفاء والنقاء وخلوها من شوائب المغالطات التي تهوي به الى المسائلة والنقـد. لذا فان هذا التوظيف الشرطي لم يات من فراغ، وانما انبثق من سياق

---

(١) اللغة الشعرية - دراسة في شعر حميد سعيد / ١٧١.

النص نفسه لافراز الدلالة الدائرة على الممدوح، واعطائها مدى امثل في اطار الصورة الشعرية.

وقوله[1]

ان كـــان لي ذنـــب قـــد اجنيتـــه   فاســـتانف العفـــو وهـــب لي الرضـــا

حيث انه (ليس في معنى هذا الاداة (ان) غير معنى الشرط المجرد غالبا)[2]

لذا فانها تعمل على تقوية الوظيفة الشرطية كونها مقترنة بالفعلية من جهة، وتعمل على تمتين الصلة الاسنادية بين جملتي فعل الشرط وجوابه من جهة اخرى. وتتمركز عائدية الشرط هنا على المخاطب (الخليفة). فالشاعر يطلب اليه السماح والرضا عما بدر منه من ذنب قد ارتكبه في السابق، ليستقر هذا الطلب في جملة الجواب (فاستانف)، لان اقتران فعل الشرط (كان) بالاداة (ان) دال على انتفاء الشيء وانقضائه في السابق، ومجيء جملة الجواب بالامر الدال على التقريرية، ليس الا إقراراً لذلك. أي ان الشاعر كان قد ارتكب الذنوب في السابق اما في انية الوقت فهو خال من ارتكاب الذنوب.

.....(اذا).

اذا اقنعـــت بميســـور مـــن القـــوت   بقيـــت في النـــاس حـــرا غـــير ممقـــوت

يـــا قـــوت يـــومي اذا مـــا در حلقـــك لي   فلســـت اسى عـــلى در ويـــاقوت[3]

---

(١) البداية والنهاية - ٢٠/١٣.

(٢) خصائص الاسلوب في الشوقيات / ٣٣٥.

(٣) الجامع المختصر - ٦٦/٩ .

ترتسم في هذين البيتين شبكة من الملابسات الفنية الموزعة على المستويات الثلاثة (الصوتي- الدلالي- التركيبي)، في ضوء اقترانها بالسياق الشرطي. فالمستوى الصوتي من خلال التجانس الصوتي بين فعل الشرط (قنعت) وجوابه (بقيت) وبين (القوت- مقوت) العائدين الى المتتالية المنتمية الى جملتي (فعل الشرط وجوابه). والبيت الثاني جاء التجانس فيه بين فعل الشرط (در) ومتتالية جملة الجواب (على در)، بينما نجد الدلالة مكتنزة في زهد الشاعر، وذلك بقناعته بالشيء اليسير الذي يدخل جعبته من رزق يومي حلال، يحفظ له ماء وجهه امام الناس. هذه الدلالة والايقاع الداخلي كلاهما عائد الى السياق الشرطي الداخل في اطار المستوى التركيبي، الذي حرك هذين المستويين. وبتلمس مستوى التعبير الجمالي، نجد ان التعليق الشرطي في هذين البيتين متزن في جميع اجزائه، وذلك لخدمة الدلالة. فقوله (قنعت) الذي يمثل فعل الشرط يحمل قاموسيا معنى رضي الشخص لنفسه بالقليل من كل شيء، وان اتباعه بمرجعية عائدة الى فعل الشرط وهي (بميسور من القوت)، هو لتخصيص القناعة وحصرها فيه. وهذه القناعة بالقليل وجدت قرارها النهائي في جملة الجواب (بقيت في الناس). أي ان الكلمات التي تحمل في ذاتها معنى محددا مثل (القناعة - الممقوت- بقيت) في هذين البيتين، لا يمكن ترجيح اهميتهما، لكون (قوة المشاعر المتضمنة فيها لا يمكن معرفتها الا من خلال السياقات التي استعيرت منها)[1] حتى اوصلت هذه القناعة الشاعر الى جعل القوت شخصا يخاطبه بقوله: (يا قوت يومي) لتزداد بذلك فاعلية الدلالة شعريا، لفاعلية وحركية البناء التركيبي. لان النحو كما يذكر جان كوهن (هو الركيزة التي تستند اليها الدلالة)[2] ولكي يستطيع الشاعر مواصلة خطابه من دون انفلات خيط المداومة

---

(١) اللغة في الادب الحديث- الحداثة والتجريب / ١٥٤- و- دور الكلمة في اللغة / ٥٥.

(٢) بنية اللغة الشعرية / ١٧٨.

(تركيبيا)، فان السياق الشرطي حقق ذلك. ففعل الشرط (اذا ما در) العائد الى القوت في النداء (يا قوت يومي) جاء جوابه متلبسا بالنفي (فلست)، وذلك لمحو فكرة ان يكون آسيا على (الدر والياقوت) لانه زاهد بدلالة القناعة....

وقوله[(١)]

سلام على الدار التي لا نزورها — على ان هذا القلب فيها اسيرها
اذا ما ذكرنا طيب ايامنا بها — توقد في نفس المذكور سعيرها
رحلنا وفي سر الفؤاد ضمائر — اذا هب نجدي الصبا يستثيرها
اذا كتبت انفاسه بعض وجدها — على صفحة الذكرى محاه زفيرها

ان المستوى التركيبي لهذه القصيدة ينم عن طغيان الصيغ الفعلية على الاسمية، مما يخلق تحركا دلاليا لحركية الافعال. فضلا عن مجيء السياق الشرطي الذي يخدم هذه الحركية للتساوق مع الدلالة النصية. حيث وجدنا ان الدوال اللسانية المكونة للابيات، تحمل مؤشرات دلالية متمثلة في الحنين الى الديار والاهل وما ينتج عن ذلك من حزن وعتمة نفسية. هذه العتمة ابتدأت منذ مستهل البيت الاول بقوله (سلام على الدار التي لا نزورها)، وهي دلالة عامة انفرطت منها الدوال التابعة لها. وابتدأ هذا الانفراط من الوظيفة الشرطية. فالشاعر حين يذكر ايامه في تلك الديار، فان نفسه توقد ذكرى تلك الايام بالم. فالاداة (اذا) بظرفيتها المستقبلية قد اوجدت فاعليتها بجملة الجواب (توقد)، فاذا ما تذكر ايامه السابقة فان تذكره يصاحبه الم وحسرة نتيجة اتقاد نار الذكرى، أي ان الاتقاد حالي وفي كل وقت اذا اقترن بالتذكر. وكذلك الحال في البيت الذي يليه. وبعد فاصل من الاشباع الدلالي في (خمسة ابيات) يعود الشرط لا ليكون عنصرا ثقيلا وزائدا

(١) الذيل على طبقات الحنابلة – ١/٤٢٣- ٤٢٤.

على الدلالة، وانما لدعمها واحكام النسج التركيبي، وذلك بقوله: (اذا كتبت انفاسه)، أي ان انفاسه اذا ما كتبت وجدها وما تعانيه على صفحة الذكرى، فان زفيرها سوف يمحوها.

هذا التواتر الشرطي ضمن اطار القصيدة هذه لم يات عبثا، وانما كان بناؤه ضمن هرم التركيب الشعري متواشجا معه، لافراز الدلالة النصية العامة. واذا ما تم عزله، فان السياق العام تشل اجزاؤه لاعتماد بعضها على بعض.

لذا اذا ما اردنا ان نجعل من الاسلوب او أي وسيلة اسلوبية معيارا للفنية (الاستطيقية)، فانه لا يصلح فصل الاسلوب عن كلية العمل الفني، واذا ما تم الفصل فانه لا يصلح معيارا استطيقيا[١].

وعودة على بدء نقول. انه على الرغم من كون (اسلوب الشرط يحقق دوما (دلالة محايدة)[٢] ، فانه لا ينفك عن دوران دلالته على دائرة النسق السياقي المغلق المتواجد فيه، كي يسهم في تقوية وحدته العضوية.

٣.الاعتراض (بوصفه شبه جملة):

من المهيمنات الاسلوبية الي تصبح في السياق التركيبي بارزة ملموسة، ايراد الجمل الاعتراضية في نسق شعري، يكون الغرض منها زيادة معنى الجملة وتعميق الفكرة وتكثيفها. ولكنها في بعض الاحيان تاتي من اجل خلق توازن نغمي في الجملة، تعزيزا للاطار الموسيقي في البيت، كما ان مجيئها في الغالب محاولة لارباك السياق، ولا سيما في الجمل الاعتراضية الطويلة التي تؤدي الى ابعاد القارئ عن السياق الخاص الذي يتامل فيه، ويعود ذلك الى (ان الكلمة التي تتم المعنى بعد الجملة الاعتراضية تبدو

---

(١) مفاهيم نقدية / ٤٤١.

(٢) شعر محمود حسن اسماعيل - دراسة اسلوبية -ماجستير / ٩٦.

وكانها زائدة، فيتعثر بها البيت بدلا من ان يكمل معناه وتنسجم الفاظه)[١]، مما يخلق حالة من الغموض والابهام تستوقف القارئ لمعرفة مغزى هذا الغموض.

هذا الخروج عن ناصية المالوف يكمن في (قدرة المتحدث على اختراق الانماط المعجمية والنحوية للغة بعد ان يتمثل لنفسه لغة خاصة كلما عمد الى التعبير)[٢]، وذلك يتم عن طريق تغير (الترتيب، أي تحويل احد عناصر التركيب عن منزلته، واقحامه بين عناصر من طبيعتها التسلسل)[٣]، مما يحتم خروج اللغة الشعرية من حيز عالمها الافتراضي الذي يكمن في الترتيب ضمن النظام النحوي، الى الوجود اللغوي الملتوي لاغراض خاصة في النص. لذا فان اختيار (الكاتب لما من شانه ان يخرج بالعبارة عن حيارها وينقلها من درجتها الصفر الى خطاب يتميز بنفسه)[٤] لا يتم الا وفق التصرف في قوانين النحو ووجوهه الكثيرة المتاحة في اللغة، حتى ينبثق في النهاية من هذه القوانين ما يسمى بـ (الاسلوب)، او التميز الاسلوبي الذي ينشا في حقيقته من (الظهور المفاجئ للعناصر اللغوية من غير ان يكون في السياق الذي قبلها أي اشارة الى احتمال استعمالها او وقوعها)[٥]

بعد هذا العرض المبسط، نتوغل في مفاصل هذا القسم الانزياحي، لمعرفة مدى ما حققه على صعيد المستوى التركيبي دلاليا. ولكن قبل الدخول في حيثيات التحليل،

---

(١) سايكولوجية الشعر ومقالات اخرى / ٣١.

(٢) الاسلوبية ونظرية النص / ٤٢ -و- اللغة والخطاب الادبي (مقالات لغوية في الادب) / ١٣٣ .

(٣) خصائص الاسلوب في الشوقيات / ٢٩٠ -و- الخطيئة والتكفير / ١٣٥ -و- بنية اللغة الشعرية / ١٨٠ .

(٤) الاسلوبية والاسلوب - المسدي / ٩٨ .

(٥) الاسلوبية اللسانية - اولريش بيوشل - ترجمة - خالد محمود جمعة - نوافذ - السعودية - ع - ١٣ - سبتمبر - ١٣١/٢٠٠٠

يستوقفنا الاحصاء التركيبي لبيان هيمنته في سياق (الجمل – الاسمية الفعلية). ويمكن تقديم هذا على شكل نقاط على النحو الاتي:-

١.ان الاعتراض في مجمله قائم على صيغة واحدة، هي صيغة الجار والمجرور وبنسبة ٩٥%. وشكل حرف الجـر (ب) اعلى نسبة يليه (ل) ثم حرف(في).

٢.جاءت الجمل المعترضة من الجار والمجرور في سياق الجمل الفعلية بنسبة ٧٥% وفي سياق الجملـة الاسمية بنسـبة ٢٠% وهي جمل قصيرة، اما النسبة المتبقية وهي ٥% فهي تفصل الجملة الاسمية، وهي عبارة عن جمل طويلة.

٣.جاءت الجمل المعترضة من حيث ورودها في الصدر والعجز بنسبة متقاربة وهي ٥٢% في الصدر و ٤٨% في العجز.

٤.جاءت صيغة الجار والمجرور في اغلبها من كلمة واحدة وبنسبة ٧٧% مثل (بي – لي – للعين – للعيش   .....).

بعد هذا الاجراء الاحصائي يمكن الوقوف على مجموعـة مـن الامثلـة في هـذا القسـم، كي نستبين مـن خلالهـا اسـباب مجيئها ضمن نطاق البيت والبيتين، ومعرفة مدى ما حققته من خدمة للسياق، في ضوء الاغراض التي جاءت بها وهي:

أ.تكثيف المعنى واكتماله.

ب.التخصيص.

أ.تكثيف المعنى واكتماله:

وهو ان يتلاعب الشاعر في سياق التركيب، لاتمام المعنى وايصاله الى ذهن المتلقي بشكل تصبح فيـه عمليـة الانزيـاح التركيبي بـ (الاعتراض) مقبولة، على العكس من

واقعها غير المقبول (نحويا). لذا فاننا سنقف على عدد من تلك الامثلة التي تخدم السياق منها قوله[1]

الصــبر عـــن شـــهوات نفســـك توبـــة   فاثبـــت وغـــالط شـــهوة لم ترقـــد

ان الدال اللساني المفتتح استهلال البيت، يحمل دلالات بعيدة الاغوار، تتواشج مع دلالات المفردات التالية له. فالصبر بدلالاته العديدة يندرج تحت اطر التوبة، وما مجيء الجملة المعترضة (عن شهوات نفسك) الا اكمال يحدد وجود الصبر ومكثف لمعناه، ويحمله دلالة عامة لاشتماله على الجزئيات. فشهوات النفس لها مدلولات عدة منها (نفسية، جنسية، غريزية.) وكلها نزوات تدفع للهلاك والانزلاق في هوة العصيان، مما يدفع النفس لطلب استيقافها، وذلك بالزامها شرط التوبة وهو الصبر هنا ... فلو قال الشاعر مثلا (الصبر عن الطعام توبة)، لما ارتقى مدلول الصبر الى ما ارتقى اليه، بسبب الجملة المعترضة المعممة، والتي ضمت الجزئيات لتعطي الصبر وزنه ومدلوله الحقيقي، بانه يشمل جميع الامور التي تدخل تحت اطر الشهوات.

ومنها[2].

فـــلا تحســـبوا اني نســـيت ودادكـــم   واني وان طـــال المـــدى لســـت انســـاكم

يضئ النص بنسجه التركيبي البؤرة الدلالية للبيت، التي تتمثل في الذكرى. فالشاعر ينفي بلازمة (لا) كونهم رحلوا عن ذاكرته ونساهم. هذه البؤرة المستهلة في الصدر، تعمقت اكثر بتوالي العلائق المتفقة معها في العجز، فهو يذكر بانه لا يبغي

(١) التحفة البهية والطرفة الشهية - ابن الجوزي - نقلا عن - الشعر العربي في العراق من سقوط السلاجقة حتى سقوط بغداد / ٢١٠ .
(٢) مراة الزمان - ٨ / ق ٣٣٩/٢ .

نسيانهم مهما حصل، وذلك مدعم بزمن مفتوح كثف من اضاءة البؤرة، وقوامه الانزياح الاعتراضي المتمثل في جملة (وان طال المدى). وهي جملة جاءت تعميقا للمعنى. لان قوله: (لست انساكم) دال على استمرار مفتوح في الزمن لا انقطاع فيه، وهذا مما يدل على فاعلية الجملة المعترضة (وان طال المدى) في البيت، ودورها في تسريح زمان الفراق من قيود التحديد، رغبة منه في حبهم طوال حياته..

ومنها[1].

امر على منازلهم واني   لمن اضحى بها صب مشوق

واومى بالتحية من بعيد   كما يومى باصبعه الغريق

لم ترد الجملة المعترضة (لمن اضحى بها) التي تمثل محرك الدلالة عبثا هنا، وانما لاكمال المعنى بها. فقول الشاعر:

امر على منازلهم واني ... صب مشوق

من دون الجملة المعترضة، قد يدل على ان هذه المنازل خاوية لا احد فيها، وانها اطلال ودمن حسب. ولكن حشو البيت بها اعطى لمدلوله بعدا اخر. فهو يدل على ان هذه المنازل ماهولة بالسكان، والشاعر يزداد شوقه اليهم، ولكن بشوقه دلالة على البعد. لان الشوق للشخص والشيء المعني يتولد من الفراق. وهذا ما افرزه البيت التالي، فهو يحيهم من بعيد دون ان ينبس لسانه بكلمة، بدلالة التشبيه (باصبعه الغريق). أي ان المعنى بفضل هذه الجملة (لمن اضحى بها) اكتمل بتحديد وتاكيد وجودهم في هذه الديار، الا انه لا يستطيع مبارحة لقائهم.

(١) نفسه - ٨/ق ٤٩٥/٢ .

هذا التشكل الدلالي افرزه الانفعال اكثر مما افرزه التوظيف التركيبي، لكون البيت مكتملا نحويا. وهذا ما يؤكده ابراهيم السامرائي بقوله: (يعود جمال اللغة في الشعر الى نظام المفردات وعلاقاتها بعضها ببعض، وهو نظام لا يتحكم فيه النحو، بل الانفعال او التجربة)[(١)]

ب.التخصيص:

ان الجملة المعترضة في هذا المجال، هي لتخصيص مجرى القول بالشيء او الشخص المعني، بوصفه البؤرة الاساسية التي يلتف حولها مجرى القول، ولا يتحرك الا وفقا لمتطلباتها.

ويمكن ان نسوق بعض الامثلة التي تدخل ضمن هذا المجال. منها[(٢)].

تــدبرت بــالفكر الســليم عواقــب   الامــور ولم تقبــل عــلى مثمــر الغــبن

ان الانزياح الاعتراضي بالجملة المعترضة (بالفكر السليم)، جاء متمما للمعنى ومعمقا لدلالته. فالمتدبر امره من عواقب الامور، يمتاز برجحان عقله، وتفتح بصيرته، وهو مدرك لمسلمات النجاح، ومبتعد عن مزالق الهفوات والخسارة، وهذا كله متات من التفكير المتاني المتزن. أي انه تخطى العواقب بالفكر السليم، وليس بشيء اخر مثل القوة واللجوء الى الاساليب الملتوية. وهذا التخصيص يتناسب مع مجريات القصيدة المدحية التي تصب في (رجاحته وعلمه وصبره وكرمه). اذن فهي جملة تخصيصية، اكدت كون المتدبر لا يحصل على مبتغاه (تخطي العواقب) الا بفكر سليم..

---

(١) لغة الشعر بين جيلين - دار الثقافة - بيروت - لبنان / ١١٨.

(٢) الذيل على طبقات الحنابلة -١/٢٤٦.

ومنها[1].

كـــم احمـــل في هـــواكم ذلا وعنـــا ؟   كـــم اصـــبر منـــك تحـــت ســـقم وضـــنى

لا تطـــردني فلـــيس لي عنـــك غنـــى   خـــذ روحـــي منـــي ان اردت الثمنـــا

ان الاعتراض في البيت الاول (في هواكم)، جاء بهدف التعليق. وذلك بتحديد الحالـة العائـدة الى الشـخص (انـا) من (احمل). وهي تتمثل في كون الذل والعناء اللذين لحقا به، مرجعهما هواهم وحبهم في الصدر. والعجز عـزز ذلـك الامر بجملة (منك) المكونة للذل والسقم والضنى. وفي البيت الثاني ترد جملة (عنك) في سياق طلبي (لا تطردني) لتعزز محورية الحالة للشخص وهي (الذل والعناء) وقوله[2]:

واقـــــول للعـــــين قـــــري   قـــــد رد مـــــا قـــــد فـــــات

وقلـــــت للـــــنفس: مـــــوتي   قـــــد ماتـــــت اللـــــذات

لم يبـــــق للعـــــيش معنـــــى   مـــــن بعدكـــــم هيهـــــات

واقـــــول للقلـــــب منـــــي   قـــــد رد لي مـــــا فـــــات

وان قضى ـــــــــــــــــــ لي ربي   امـــــوت ولا انظـــــر شخصـــــكم

هذه الابيات مجتزأة من قصيدة مكونة من ثمانية وثلاثين بيتا من (الكـان وكـان)، تصـب جميعهـا في لـواعج الشـاعر واشواقه في منفاه. ويبدو النسق الشعري التركيبي متماثلا مـع المـؤشر الـدلالي، الـذي يصـب في مضـمار التحسر والالم، لبعـد المسافة المكانية بين

(١) المستدرك على ديوان الدوبيت - هلال ناجي - مجلة الكاتب - بغداد - ع ٧ - السنة الثامنة - تموز - ١٩٧٤ / ٤ .
(٢) كتاب التراث الشعبي - ديوان الكان وكان / ٧٥-٧٦.

ذات الشاعر واهله. فالافعال (اقول- قلت- يبقى- اقول- قضى) الداخلة في سياق منتظم، كلها تابعة لذات الشاعر. أي انه يمثل محور البؤرة التي تجتمع حولها الدلالة، وساعدت الجمل المعترضة المتمثلة بالجار والمجرور، على تعميق وتخصيص البؤرة. فالشاعر يخاطب (عينه- نفسه-قلبه) وهن من لوازمه، ليؤكد ذلك ان مجال الدلالة المكرسة هنا لا تخرج عن اطار الذات المتوجعة، وكذلك قوله (لم يبق... وقضى لي...) فمعنى العيش بمفراقهم لم يبق له طعما، ونتيجة للفراق، فان ربه اذا ما قضى له بالموت فهو خير من رؤيتهم .... هذا السياق التركيبي المبطن بالجمل المعترضة المساعدة في تخصيص الدلالة العائمة لذات الشاعر، اوصلنا الى نقطة الاضاءة في النص، وهي التحسر والالم. على هذا فالتركيب له حسن ومزية تفوق الدلالة النابعة من مفردات في بعض الاحيان. وهذا ما يؤكده ابراهيم السامرائي بقوله: (لا نستطيع ان نستشف بواطن المعنى وذلك بالاعتماد على الدلالات المالوفة للالفاظ وحدها، وانما للتركيب كذلك، فعن طريق التركيب يستطيع الشاعر ان يوصلنا الى الكشف عن بواطن المعنى ...) [1] ولتقريب الصورة اكثر انظر هذه الخطاطة:-

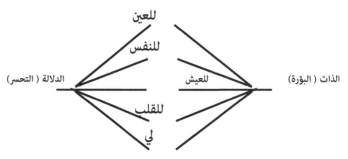

وهناك نماذج تندرج تحت سياق هذا المنحى نذكر منها قوله[2]

(١) لغه الشعر بين جيلين / ٢٠٤ .
(٢) مرآة الزمان - ٨ / ق٢ / ٤٩٤ .

تجـــري بي الافكـــار في الميـــزان　　　ازاحـــم الـــنجم عـــلى المكـــان

وقوله[(١)]:

ونجتمـــــــع بالمنــــــازل　　　كســـــــالف العـــــــادات

فضلا عن ذلك تأتي بعض الجمل الاعتراضية ضمن التركيب، فائضة لا غاية منها، سوى اعطاء القارئ مدة زمنية تصحيه من غفوته، وتزيد انتباهه للجملة او كما تقول عنها نازك الملائكة: (انها في حقيقتها التفات عقلي عن السوّرة العاطفية التي يجد القارئ الشعر فيها نفسه، والالتفات يقطع خيط التعبير ويصحي السامع من نشوته)[(٢)]

لذا فاننا ارتاينا عدم الدخول في مفاصل هذه الجمل، الا ما يخص بعضا منها.

كقوله[(٣)]:

كـــم كنـــت باللـــه اقـــل لـــك　　　لـــدى التـــواني غائلـــه

وقوله[(٤)]:

عـــلى نصـــب المعـــاني في مناصـــبها　　　فـــان كبـــت دونهـــا الافهـــام لم الم

وقوله[(٥)]:

ان كنـــت ويحـــك لم تســـمع فضـــائله　　　فاســـمع مناقبـــه مـــن هـــل اتى وكفـــا

(١) كتاب التراث الشعبي - ديوان الكان وكان / ٧٦ .
(٢) سايكولوجية الشعر ومقالات اخرى / ٣١ .
(٣) مرآة الزمان - ٨ / ق٢ / ٤٩٤ .
(٤) الذيل على طبقات الحنابلة ١/ ٤١١ .
(٥) تذكرة الخواص - ابن الجوزي - نقلا عن - اخبار الظراف المتماجنين - ٤٣ .

بعد هذه القراءة الاسلوبية لميدان الانزياح الاعتراضي. يتضح لنا ان ابن الجوزي استخدم هذا المنحى لاكساب شعره ميزة فنية، لكونها كما بينا آنفا جاءت لخدمة الدلالة في مضماري تكثيف المعنى واكتماله، والتخصيص على الرغم من تشكيل البعض منها عنصرا زائدا في سياق الجملة (الاسمية - الفعلية). الا ان الشيء الملموس الذي يجب ذكره. هو ان اغلب الجمل الاعتراضية التي تشكل نسبة ٩٥%، جاء المؤشر الدلالي فيها حاملا شعار (التحسر والتوجع) وذلك بسبب البعد كما ذكرنا ...

وعودة على بدء، ومن منظور (ليس كل انزياح ذا قيمة اسلوبية)[1] فان هذا الاسلوب على الرغم من قيمته الجمالية على صعيد السياق الشعري من حيث تدعيم الدلالة النصية، الا انه اسلوب مضطرب يربك السياق التركيبي، فهو غير مرغوب فيه اكثر الاحيان، لكونه مرتهنا بذاتية المرسل المتغيرة تبعا للموقف، ومحددا بحسب الحرية اللفظية اللغوية التي يتمتع بها. وهذه الحرية (لا تعني الغاء القواعد اللغوية، بل تعني الغاء التزمت اللغوي والبحث عن الشوارد والمفارقات اللغوية التي تكد الذهن وتتعارض مع اللغة الشعرية، والحرية والطلاقة وسعة الافق) [2]لانه اذا ما خرج عن جادة التصرف اللغوي، فانه سيقع في مزالق تكده وتجعله في قبضة النقاد*، الا اذا كان التصرف سليما. يصب في مجرى الدلالة واغناء الصورة. مما يفضي ذلك بالتحام العناصر

(١) المرآة والنافذة / ١٣ .

(٢) اللغة الشعرية – محمد رضا مبارك / ١٠٩ -و- قضايا الشعر المعاصر - نازك الملائكة - مطبعة دار التضامن - بغداد - ط/٢ - ١٩٦٥ / ٢٩٦ - و - لغة الشعر عند المعري - دراسة لغوية فنية في سقط الزند - د.زهير غازي زاهد - دار الشؤون الثقافية العامة - بغداد - ١٩٨٩ / ٣٨ .

* لمزيد من التوسع التطبيقي في هذا المجال (الاعتراض) ينظر - الاسلوبية مدخل نظري ودراسة تطبيقية / ١٧٣-١٩٨.

الشعرية في الخطاب، لان ادبية (الخطاب الفني ليست ملكا عينيا لمفاصل منه دون اخرى، وانما هي ملك مشاع بين جميع اجزائه، لانها وليدة التركيبة الكلية لجهازه، انطلاقا من الروابط القائمة فيه والضابطة لخصائصه البنيوية)[1]

---

(١) اللسانيات بين لغة الخطاب وخطاب الادب – د.عبد السلام المسدي الاقلام – بغداد – ع – ٩ – ١٩٨٣ / ٦٩ .

الفصــل الثــالث
المستوى الصوتي

المبحث الأول: الإيقاع الداخلي

١.الجرس اللفظي

٢.التـــــوازي

٣.التكـــــرار

المبحث الثاني: الإيقاع الخارجي

١.الـــــوزن

٢.القافيـــة

الفصل الثالث

المستوى الصوتي

مدخل

تتجلى اهمية التراكيب الصوتية، في كونها تمثل احدى الوسائل الاسلوبية المهمة في الخطاب الشعري، والتي تجعل منه خطابا يثير في نفس المتلقي الرقة والعذوبة، وعن طريقها يبرز الابداع الشعري لدى الشاعر. فضلا عن كونها تعمل الى جانب المستويات الاخرى في تنوع البناء الاسلوبي، بحسب طبيعة كل منها (فالاصوات والوحدات الصوتية مثلا، تؤدي دورا فاعلا في بناء الالفاظ الصوتية، وهي مسؤولة عنه على نحو تظهر فيه سمات وخصائص صوتية اسلوبية مثل: القافية – الوزن – الايقاع – الجناس الاستهلالي – التجانس الصوتي – النغمة - جرس الصوت)[1]...

وينقسم هذا المستوى على نمطين أساسيين، يكمل أحدهما الاخر، وهما (الايقاع الداخلي والايقاع الخارجي)، وعن طريقهما تكتمل صورة هذا المستوى، ليشكل في النهاية ملمحا اسلوبيا داخل اطار الخطاب الشعري ... وقبل الخوض في بحر العالمين (الداخلي والخارجي)، يجدر بنا ان نوضح بشيء من الايجاز، ما الايقاع، حتى لا تاتي الدراسة ضمن هذا المستوى ناقصة مبتورة.

(١) الاسلوبية اللسانية – اولريش بيوشل – ترجمة – خالد محمود جمعة – نوافذ - السعودية – ع – ١٣ – سبتمبر – ٢٠٠٠ / ١٣٦ – ١٣٧ .

يمثل الايقاع في القصيدة العربية ضرورة لا بد منها، لكونه يمثل (حيوية نغمية موسيقية ترتبط ارتباطا حميما بموسيقية اللغة وتركيبها الايقاعي من جهة، وبطبيعة التشكيلات الموسيقية التي تمتها الفاعلية الفنية العربية من جهة اخرى)[1]، وهذه الحيوية النغمية تجعل من القصيدة الشعرية صورة موسيقية متكاملة تتلاقى وتفترق فيها الانغام، محدثة بذلك نوعا من الايقاع الذي يساعد بدوره على تنسيق الاحاسيس والمشاعر المشتتة، لان العمل الفني لا يرتقي الى مستوى الابداع، اذا لم ينظم لنا مشاعرنا وينسقها ويحيطها باطار واحد محدد [2] ونستدل من ذلك، ان كل قصيدة شعرية، تمتلك نغمة خاصة، متفقة وانفعالات الشاعر المنشئ، بحيث تستولي على آذان المستمعين. لذا فانه يتوجب على الشاعر ان يختار لمنظومته الشعرية ايقاعا، يتناسب وموضوعه، تبعا لانفعالاته، لكي يجسد تجربته وموقفه.

لان وظيفة الايقاع قائمة على استنفاد الطاقة الشعورية التي تغوص في اعماق النفس، لتصحيها من غفوتها بشعور خاص، وتجعلها جديرة الانتباه لها، قبل ان يتجه انتباهها نحو فك مغالق الالفاظ في السياق ...

لذا فان الاختيار الايقاعي الذي يتبناه الشاعر في خطابه الشعري، لابد ان يكون دقيقا من حيث الانتقاء، فضلا عن كونه متوازنا، أي لا يعطي العنصر الموسيقي فضلا

(١) في البنية الايقاعية للشعر العربي - د.كمال ابو ديب - دار الشؤون الثقافية العامة - بغداد ط /٣ - ١٩٨٧ / ٢٣٠ . و - التركيب اللغوي للادب / ١١٠ .
(٢) الشعر العربي المعاصر - قضاياه وظواهره الفنية والمعنوية - عز الدين اسماعيل - دار العودة ودار الثقافة بيروت ط /٣ - ١٩٨١ / ٦٣ .

ومزية على المبنى والعكس كذلك ، وانما عليه ان يولي الاثنين معا عنايته (حس الايقاع وحس المبنى)[1]

هذه الاهمية التي يتمتع بها الايقاع، هي بمثابة الروح التي تسري في مسارب النص. لا تنفصم عنه، او كما يقول شوقي ضيف: (ان الموسيقى لب الشعر وعماده الذي لا تقوم قائمة بدونه)[2] حتى ان الشعراء اخذوا يتعلقون بها في شعرهم، كي يستكملوا مكامن الاضاءة في النص الذي لا تستطيع اللغة بيانه والافصاح عنه[3]

بقي لنا ان نبين جانبا مهما، وهو ان الايقاع ليس مجرد زينة تضاف الى الخطاب الشعري من الخارج، وانما هو عنصر داخلي يلتحم وينصهر مع العناصر الشعرية الاخرى. يكون الغرض منه تكثيف الدلالات، لانه (ينطوي على كلام كثير التعقيد والتماسك مما يؤدي حتما الى تعقيد في التفكير والدلالات المجازية) [4]

واكثر هذه العناصر التحاما معه، هي اللغة لكونها (ليست مجرد الفاظ او معان، بل هي تنطوي على كثير من النواحي الموسيقية والوجدانية والخيالية وفيها من الايحاء والرمز والايماء شيء كثير) [5]

---

(١) عضوية الموسيقى في النص الشعري / ٣٤ .

(٢) فصول في الشعر ونقده - دار المعارف - القاهرة - ١٩٧١ / ٢٩

(٣) في النقد الادبي - شوقي ضيف - دار المعارف - مصر - ط/٢ - ١٩٦٦ / ١٥١ .

(٤) الافكار والاسلوب - دراسة في الفن الروائي ولغته - أ.ف. تشيتشرين - ترجمة - د. حياة شرارة - دار الحرية للطباعة بغداد ١٩٧٨/٥٦.

(٥) عضوية الموسيقى / ٢٧ و.النقد والاسلوبية / ١١ .

وفي هذا الصدد يقول محمد مندور: (ان الشعر لا يستعير موسيقاه من فن آخر هو الموسيقى، بل يستمد موسيقاه من مادة صياغتها ذاتها وهي اللغة ...) [١]

وعلى هذا الاساس، فان الموسيقى الشعرية من الوسائل التي تمتلكها اللغة، وذلك للتعبير عن ظلال المعاني، فضلا عن دلالة الالفاظ والتراكيب اللغوية الاخرى ضمن اطار النص الشعري[٢] وذلك كله يتم عن طريق استخدام الالفاظ والاصوات او المقاطع، استخداما جماليا يصبغها بالصبغة الموسيقية، وتمتلك عندها لغة الادب خصيصة التاثير، وهي من ابرز الدلائل على فنيتها وجمالها[٣]

ونتيجة لهذا الالتحام بين الايقاع والعناصر الاخرى بما فيها اللغة التي تحويه نقول ان القصيدة الموسيقية (هي قصيدة يأتلف في بنيتها نمط موسيقي من الاصوات، ونمط موسيقي من المعاني الثانوية للالفاظ في هذه البنية)[٤] وهذان النمطان يجعلان موسيقى القصيدة هذه (موسيقى تعبيرية لنقل الوجدان والخواطر والاحاسيس والمشاعر، التي قد تعجز الالفاظ والمعاني عن نقلها او الايحاء بها، فتاتي الموسيقى رمزا دالا موحيا)[٥]

---

(١) الادب وفنونه – شركة مكتبة ومطبعة مصطفى البابي الحلبي واولاده – مصر – محاضرات القاها سنة ١٩٦١ – ١٩٦٣ /٢٩ – و – البنيوية وعلم الاشارة / ٦٥ .

(٢) نفسه /٢٩ – و – نظرية الادب – رينيه ويليك /٢٢٦ .

(٣) موسيقى الادب – د.بدوي طبانة – الاقلام – ج – ٩ – السنة الاولى – ١٩٦٥ / ٢٤ .

(٤) الشعر بين نقاد ثلاثة د.منح الخورى – دار الثقافة – بيروت – لبنان – ١٩٦٦/٣٠.

(٥) عضوية الموسيقى /١١ – و – موسيقى القصيدة العربية المعاصرة (الحرة) دراسة في الظواهر الفنية لجيلي الرواد وما بعد الرواد – محمد صابر عبيد – رسالة دكتوراه مطبوعة على الالة الكاتبة – كلية الاداب / جامعة الموصل – ١٩٩١ / ١١٠ .

وفي ضوء هذه المنطلقات السريعة التي بيناها. نرى ان الايقاع يشكل عصب الحياة في القصيدة العربيـة الابداعيـة لا يمكن الاستغناء عنه، لانه واسع النطاق ويشغل مساحة كبيرة في النص، عن طريق تفرعاته المتعددة والمتشعبة، والتي تحمل في اثنائها جماليات فنية، ترفد الخطاب الشعري بقيم التميز. وهذا يتحقق بورود النمطين معا (الداخلي والخارجي) ...

وعلى هذا فان دراستنا ستكون في هذا المستوى على نمطين، الاول يتضمن الموسيقى الداخلية بما فيها من اقسام، وسنطيل الوقوف عليها لجمالياتها، اما الثاني، فهو يتضمن الموسيقى الخارجية وفيها الوزن والقافية.

المبحث الأول

الإيقاع الداخلي

تؤدي الموسيقى الداخلية بما تمتلكه من اقسام عدة، دورا بارزا في ابراز فنية الخطاب الشعري، وذلك بسبب تقديمها الصورة الفنية على وفق تجربة الشاعر من جهة، وكونها معيارا دقيقا للتميز بين شاعر واخر، وقصيدة عن قصيدة مـن جهـة اخرى (وبهذه الموسيقى الداخلية يتفاضل الشعراء) [١]

ومن مميزاتها، انها تكون خفية قابعة في اثناء البيت والقصيدة كلا، لا يحكمها ضابط داخلي او خـارجي، ولا تخضـع لسيطرة قاعدة او قانون ما، على العكس من (الموسيقى الخارجية). وهي ناتجة من عملية انتقاء الشاعر المبدع لمفرداتـه، والتي يكون فيها تلاؤم من حيث (تناغم الحروف وائتلافها وتقديم بعض الكلـمات عـلى بعـض، واستعمال ادوات اللغـة الثانوية بوسيلة فنية خاصة) [٢] فضلا عن مشاكلة اصوات هذه الكلمات والمعـاني، التـي تـدل عليهـا، لتحقـق بـذلك انسجامـا خاصا، تفرز في النهاية هذه الصناعة الغريبة، والتي تطغى على الوزن العروضي [٣] وهذا مـا يؤكـده لامبـورن بقوله: (توجـد موسيقى داخلية في الشعر وهي اوسع من الوزن والنظم المجردين) [٤]

وفي جوهر هذه الموسيقى، يكمن نجاح القصيد على صعيد الابـداع الفنـي، اكبر مـن مـدى نجاحهـا بالاستناد الى (الخارجية). وهذا راجع الى وجود علاقة وطيدة وصلة

(١) في النقد الادبي - شوقي ضيف / ٩٧ .
(٢) الشعر والنغم - دراسة في موسيقى الشعر - د.رجاء عيد - دار الثقافة - القاهرة - ١٩٧٥ / ٢١ .
(٣) الفن ومذاهبه في الشعر العربي - شوقي ضيف - دار المعارف - القاهرة - ط/٧ - ١٩٦٩ - / ٨٠ .
(٤) نقلا عن - نفسه / ٧٨ .

(وثيقة بين التجربة الشعورية وموسيقى الشعر الداخلية، فكلما كان الشاعر منفعلا وكانت عاطفته ثائرة. كانت موسيقى شعره سريعة، سواء اكان شعره وصفا ام مدحا ام غزلا)[1]

وذلك لكون الشاعر المبدع يمتلك اساليب خفية ذكية، يستطيع من خلالها ان يلون نسيج خطابه تلوينا فنيا جماليا[2] تجعل من المتلقي ذي الاحاسيس المرهفة، يشعر بوجود حركة داخلية داخل اطار البيت او المقطوعة الشعرية، تحمل حيوية متنامية، تمنح في نهاية الامر ذلك التتابع المقطعي وحدة نغمية عميقة تعمل على نقل مضمون القصيدة[3]

هذه الجمالية التي تحققها الموسيقى الداخلية، لا تكون منفصلة عن صنوتها (الخارجية)، وانما تشكل معها وحدة موسيقية كبيرة تدور على مساحة البيت او القصيدة، فضلا على ارتباطها بالعناصر الشعرية الاخرى، داخل اطار الخطاب الشعري. لذا فانها (والشعر صنوان لا يفترقان مهما تقدم الزمان وارتقى الانسان)[4]

ونظرا لجمالية واهمية هذه الموسيقى، فان دراستنا فيها ستكون مكثفة ومطولة قياسا على الاخرى (الخارجية)، لما تتمتع به من مميزات ذكرناها آنفا وهي على النحو الاتي:

---

(١) موسيقى الشعر – هل لها صلة بموضوعات الشعر واغراضه ؟ - احمد نصيف الجنابي – الاقلام – ج/٤ – السنة الاولى – ١٩٦٤ / ١٢٦ .

(٢) تطور الشعر العربي الحديث في العراق – اتجاهات الرؤيا وجماليات النسيج – علي عباس علوان – بغداد – ١٩٧٥/٢٢٧ م – في النقد الادبي – شوقي ضيف / ١١٣ – ١١٤ .

(٣) في البنيه الايقاعيه للشعر العربي / ٢٣٠ .

(٤) في النقد الادبي – شوقي ضيف / ١٥١ .

١.الجرس اللفظي.

٢.التوازي.

٣.التكرار.

١.الجـــرس اللفظي:

كان ولا يزال (للشعر نواح عدة للجمال، اسرعها الى نفوسنا ما فيه من جرس الالفاظ وانسجام في توالي المقطع وتردد بعضها بعد قدر معين منها، وكل هذا هو ما نسميه بموسيقى الشعر)[1] استنادا الى هـذا النـص. نسـعى الى تاسيس فكرة بسيطة وتوضيحية تبين اهمية الجرس في الخطاب الشعري ومدى جماليته فيه.

تمثل اللفظة المفردة البؤرة الاساس في الخطاب الشعري، التي تحقق مع صنواتها تراكيب شعرية لها حضورها وجمالها الفني في آذان القارئين * واهميتها لا تكمن حسب فيما توحيه من معان وافكار، بل في طبيعة شكلها الصوتي. أي بمـا تحملـه المفردة من موسيقى خاصة تميزها من غيرها داخل اطار الجملة الواحدة، فموسيقى (الكلمة وليدة صلات عـدة: انها تنشأ من علاقتها اولا بما يسبقها وبما يعقبها مباشرة من كلمات ومن علاقتها بصورة مطلقة بمجموع النص الذي توجد فيه. ثم انها تنشأ من علاقة اخرى، هي اتصال معناها المباشر في ذلك النص المعين بجميع ما كان لها من المعاني في سائر النصوص الاخرى التي استعملت فيها، وتنشأ تلك الموسيقى ايضا عما للكلمة من طاقة

---

(١) موسيقى الشعر - ابراهيم انيس - مطبعة لجنة البيان العربي - ط/٣ - ١٩٦٥ / ٨ - ٩.
* اللفظة من الوجهة البنيوية اقل من الجملة ، من حيث ان فعليتها الدلالية خاضعة للفعلية الدلالية في الجملة ، لكنها اكـثر مـن الجملة ومـن، وحـه اخـر فالبسيطة عائقة ،،، ولعليبها س سدا الليبل بيارطة ، عابرا ، سلاسية ، اما السطة فبينى بعد الجملة من حيب هي ليل يمكن نقله ، تبقى بعد مجال القول الذي هو انتقالي تبقى جاهزة لاستعمالات جديدة ... / ما البنيوية - ٣٢٥ - و - علم النفس اللغوي / ٢٢ .

قوية او ضعيفة على الايحاء[1] ويطلق على موسيقى الكلمة هذه مصطلح (الجرس). الا ان هذا المصطلح لم يكن معروفا عند نقادنا القدماء، وانما كانوا يستعملون لفظتي (الفصاحة والبلاغة). فقد رجحوا ان الفصاحة متعلقة باللفظ، والبلاغة بالمعنى، وبما ان الفصاحة خاصة باللفظ، فانهم اخذوا يستعملون لفظة الفخامة والجزالة وحسن الرصف وحسن الديباجة والجودة والسلاسة. لهذا يقول الجاحظ (٢٥٥هـ): (ان يكون لفظك رشيقا عذبا، وفخما سهلا، ويكون معناك ظاهرا مكشوفا وقريبا معروفا ...) [٢]

وكذلك قول العسكري (٣٩٥ هـ): (اذا كان الكلام يجمع نعوت الجودة ولم يكن فيه فخامة وفضل جزالة، سمي بليغا، ولم يسمى فصيحا) [٣]، فضلا عن اننا نجد ان ابن الاثير (٦٣٧هـ). قد اقر هذه المسالة عن طريق استخدام الالفاظ المطابقة لمقتضى الحال وذلك بقوله: (فالالفاظ الجزلة تتخيل في السمع كاشخاص عليها مهابة ووقار، والالفاظ الرقيقة، تتخيل كاشخاص ذوي دماثة ولين اخلاق ولطافة مزاج ...)[٤]

وهذا الكلام يدفعنا الى القول، بان الجرس يقع في مفردات معينة تاخذ مكانها ضمن نطاق التركيب، من اجل تعميق المعنى والدلالة الصوتية معا.

وبهذه الخاصية الفنية التي يمتلكها يكون قادرا على اغناء البيت وبعث الحياة فيه، لان الشاعر يلجأ اليه بدافع لا شعوري، تعويضا عن الوزن والقافية في بعض الاحيان،

(١) الشعر بين نقاد ثلاثة / ٢٩ / و - بناء القصيدة العربية - يوسف حسين بكار - دار الثقافة - القاهرة - ١٩٧٩ / ٢٢٧.

(٢) البيان والتبين - تحقيق - حسن السندوبي - المطبعة التجارية الكبرى - مصر - ١٩٢٦ - ١ / ١٠٥ .

(٣) الصناعتين / ٨ - و - المرشد الى فهم اشعار العرب وصناعتها - د.عبد الله الطيب المجذوب - مكتبة ومطبعة مصطفى البابي الحلبي واولاده بمصر - ١٩٥٥ - ١ / ٤٥٨ .

(٤) المثل السائر - ١ / ٢٢٥ - و - الصناعتين / ١٤١ .

وذلك من اجل منح ادائه قيمة فنية عالية، الا ان هناك جانبا واحدا قد يحد من قيمة هذا الاداء وهو الثقل الجرسي والحاصل بسبب (التنافر) .

فقد يبدو التنافر مخلا بجمالية موسيقى القصيدة، لكون (الكلمة تتكون من عدة مقاطع، واذا كانت هذه المقاطع غير متنافرة احدثت في الاذن متعة وساعدت على تذوق المعنى واستساغته، ولها علاوة على ذلك قدرة تعبيرية، اذا كان جرس هذه المقاطع يتفق مع ما توحيه الفكرة من حركة)[١]

لذا فانه يتوجب على الشاعر المبدع ان يتجنب تكرار الحروف التي تتسم بتنافرها في اللفظة لتقارب مخارجها التي تؤدي الى ثقلها، وتصبح غير مرضية في السياق، وهو امر جعل الجاحظ يقول: (واجود الشعر ما رايته متلاحم الاجزاء سهل المخارج)[٢]

الا اننا نجد على مدار الخطاب الشعري العديد من المفردات المتميزة بثقلها الجرسي وتنافرها ضمن السياق، تمتلك خاصية فنية تعطي الكثير من المعاني والايحاءات، وتؤدي (وظيفة فنية في تشكيل الصورة، وابراز معالمها على نحو يتعذر معه الحكم عليها بمقتضى معيار البلاغيين)[٣] وهذا كله جعل النقاد والبلاغيين يقومون باصدار احكام للمفاضلة بين نظم واخر، بسبب تنافر الحروف وائتلافها في الاتساق النغمي لبناء الالفاظ ضمن سياق ايقاعي عام[٤]

(١) النزعة الكلامية في أسلوب الجاحظ- فيكتور شلحت اليسوعي - دار المعارف- مصر -١٩٦٤/٤٩ .
(٢) البيان والتبين- ١/٦٣- و- اللغة الشعرية- محمد رضا مبارك /٢٠٠ .
(٣) جرس الالفاظ ودلالتها في البحث البلاغي والنقدي عند العرب- د. ماهر مهدي هلال- دار الحرية للطباعة- بغداد- ١٩٨٠م/١٧٠ .
(٤) نفسه / ١٤٨ .

اما فيما يخص الميزة التي يتمتع بها هذا الجرس من غيره، فهي توازن حروف اللفظة بشكل منسجم بعضها مع بعض داخل حدود سياق ما، وليس كما يقول عبد الـلـه المجذوب بـان (الايجاز هـو المقيـاس الصحيح لجمال اللفظة وصورته وجرسه)[1] لان هذا القول للمجذوب، فيه نوع من العتمة التوضيحية، لاقتصاره على الايجاز بوصفه مقياسا، متناسيا قيمة المفردة المطنبة ضمن حدود السياق من حيث جرسها. حيث نجد كثيرا من الالفاظ ترد طويلة غير مستحبة، ولكنها تاتي في السياق مالوفة وجميلة ومثال على ذلك لفظة (فسيكفيكهم) في قوله تعالى: (فسيكفيكهم الـلـه وهـو السميع العليم)[2] فهذه اللفظة لطولها وثقلها وشدة وقعها الموسيقي، لم تخل بالسياق، بل جاءت فيه مانوسة وموافقة للمعنى، وعلى هذا يمكن القول: إنّ (طول اللفظة وقصرها لا يحدد رنين اللفظة او وقعها الموسيقي او جرسها)[3] الا بعد ان تدخل ضمن تركيبة سياق معين....

وانطلاقا من هذه المؤشرات التي عرضنا لها والتي تبين فائدة الجرس واهميته في تكوين الايقاع. نقول ان لكل لفظة مزية خاصة بما تمتلكه من اصوات، تجعل منها بارزة ضمن السياق الفني، وتكون فيه ذا اثر موسيقي فعّال بحسب طبيعتها. فهي (تتكون عادة من مقطع واحد او عدة مقاطع وثيقة الاتصال بعضها ببعض، ولا تكاد تنفصم في

(١) المرشد الى فهم اشعار العرب وصناعتها ٢٩/٢ .
(٢) سورة البقرة- ايه ١٣٧ .
(٣) اللفظ وعلاقته بالجرس الموسيقي- محمد حسين طه- مجلة اداب المستنصرية- بغداد-ع- ٢- السنة الثانية- ١٩٧٧/ ٢١٢- و- المرشد الى فهم اشعار العرب وصناعتها- ٢٩/٢ .

اثناء النطق، بل تظل متميزة واضحة في السمع)[1]، مما يوحي هذا الترابط للسامع بتاثيرات خاصة تفوق تاثيرات المعنى...

فالجرس اللفظي يمثل بذلك (قيمة جوهرية في الالفاظ وبنائها اللغوي، وهو اداة التاثير الحسي بما يوحيه من السامع باتساق اللفظة وتوافقها مع غيرها من الالفاظ في التعبير الادبي)[2]

وفي ضوء ما تقدم، ستكون دراستنا مقصورة في هذا الجانب على المفردات الاكثر حيوية في البيت، أي تلك التي تمتاز بفنية عالية وخاصية في اغناء البيت بالايقاع الموسيقي من جهة، واهميتها في افراز الدلالة من جهة اخرى. لان قيم الملفوظ اللغوية قد تعددت كما يقول منذر عياشي (فثمة ملفوظ صوتي تقابله قيمة عامة او احادية وثمة ملفوظ صوتي ذو نبر عفوي تقابله قيمة تعبيرية، وثمة ملفوظ صوتي ذو نبر ارادي تقابله قيمة قصدية او انطباعية)[3] ومن هذا المنطلق نعرض مجموعة من الامثلة التي تبيّن اهمية المفردة، بما تمتلكه من جرس موسيقي له اثره في البيت منها قوله[4]

ترى اوجه الحساد صفراء ديتي - فان قمت عادت وهي سود غرابيب اذا فهت لم ينطق عدوي بلفظة - اذا ورد الضرغام لم يبلغ الذيب. هذه المقطوعة كتبها (ابن الجوزي) في هجاء معارضيه، وجاءت الفاظ المقطوعة مناسبة

(١) الاصوات اللغوية- ابراهيم انيس- مكتبة الانجلو المصرية- القاهرة- ط/٥-١٩٧٥م / ١٦٢- و- لغة الشعر بين جيلين / ٤٥ .

(٢) جرس الالفاظ / ١٥-١٦- و- موسيقى القصيدة العربية المعاصرة (الحرة)- دراسة في الظواهر الفنية لحبلى الرواد وما بعد الرواد- دكتوراه / ١١٠ .

(٣) مقالات في الاسلوبية / ٣٨ .

(٤) مراة الزمان – ٨/ق٢/٤٩٩ .

للثورة الانفعالية التي تدور في ذات الشاعر، من حيث الدلالة. فضلا عن وقعها الموسيقي الشديد، مما اضفت طابعا فنيا له حضوره عند المتلقي. فالمقطوعة تواشجت فيها الفاظ العتمة والضعف والقوة لدلالات الفاظها عليها، والجانب التناغمي فيها له الدور البارز في ابراز هذه الدلالات.

فلفظة (الحساد) ذات وقع نغمي شديد وبطيء جراء ورودها بصيغة المبالغة (فعال). فضلا على حرف المد (الالف) الذي اكسب اللفظة بطئا ايقاعيا. وهذا ما يؤكده محسن اطيمش بقوله: (حروف المد التي تكسب المقطع اذا شاعت شيوعا واضحا، نوعا من البطء الموسيقي، او ما يمكن ان يوصف بالتراخي الموسيقي. كما ان انعدامها او قلتها، يسهم في اضفاء نمط من الموسيقى الاقرب الى السرعة)[1] فهذه اللفظة (الحساد) ولدت في سياق الصدر، تكلفا تناغميا على نقيض العجز. الا انها امتلكت خاصية شد انتباه المتلقي من خلال نبرها المميز.. بينما نجد ان عجز البيت الثاني، جاء ثقيلا هذه المرة بسبب ورود لفظة (الضرغام) التي تشبه من حيث التقطيع العروضي (التوازي) لفظة (الحساد)، الا ان ثقلها جاء من اصواتها (ض- أ). وهذا التنغيم الموسيقي في البيتين، جاء تحت مظلة الكناية عن القوة والشجاعة بالقدرة على المواجهة الثقافية....

وقوله[2]

فــوا اســـفي عـــلى عمـــر تولـــت لذاذتـــــه وابقـــــت قـــــبح عـــــار

(١) دير الملاك / ١٠٧.

(٢) التحفة البهية والطرفة الشهية- ابن الجوزي- نقلا عن - الشعر العربي في العراق من سقوط السلاجقة حتى سقوط بغداد / ٢٦٠.

يأسف الشاعر هنا على العمر الذي انقضى بندم وحسرة، لان لذاته غلبت عليه، ولم تبق به شيئا سوى العار. والشيء المميز الذي نلمسه في البيت مفردة (لذاذته) لما تحمله من جرس موسيقي، وايقاع نغمي متكلف عسير، الا ان وقعه حسن في السمع. وهذا الجرس حاصل من قوة النبر على مقاطعها. واسهم حرف المد (الالف) في احداث النبر، لغرض تنبيه القارئ على مسالة اللذات، وهو ان عمق اللهاث وراء اللذات، يوقع المرء في دوامة الندم والتاسف. ولا يدرك ذلك الا بعد ان يفوت الاوان. فضلا عن انسجام الحروف من جهة، وتوافق حركاتها من جهة اخرى. وهذ الانسجام له (اثر هام في تحسين وقع جرس اللفظة على السمع، واثارة انفعال النفس معه)[1] وهو ما تحقق هنا حتى طغت المفردة ذات الطاقة الايقاعية المتأتية من جرسها، والمنسجمة مع السياق المعنوي والدلالي، على سائر المفردات الموجودة في البيت وادخلته في دائرة التميز.

وقوله[2]

مهـــلا فـــما اللــــذات الا خــــدع   كانهـــا طيـــف خيـــال غـــادي

لا يخامرنا الشك في كون الجرس الصوتي مرسومة ابعاده في السمع عبر لفظتي (مهلا- اللذات). فلفظة (مهلا) الواردة في استهلال البيت، قائمة بذاتها على عنصر المفاجأة الايقاعية التنبيهية. فضلا عن دلالتها التي تستوقف القارئ بان امرا ما سيتم الافصاح عنه. الا انها لا تمتلك الخاصية المميزة لتضاؤل جرسها قياسا على اللفظة التي اردفتها (اللذات)، والتي حققت جرسا شيقا استهوت لها النفوس، وتطلب في الوقت نفسه من القارئ كشف الدلالة التي تحملها.

(١) الاسس الفلسفية لاساليب البلاغة العربية / ٨١ .
(٢) الذيل على طبقات الحنابلة - ٤٢٥/١.

فمجيء لفظة (اللذات) ليس الا تدعيما ايقاعيا دلاليا، للتنبيه الذي استوقف القارئ في الاستهلال. فاللفظة حملت جرسا موسيقيا ملموسا حاصلا من تضعيف حرفي (ل- ذ) (الـ - ذ - ذات)، مما اسبغ هذا التضعيف القوة الايقاعية على المفردة. لان تكرار الحرف ضمن اللفظة يشيع ضربا من الذلاقة وقوة الجرس، ليصبح البيت حافلا بالتانق اللفظي الموسيقي. وقد ساعد حرف (الالف)على تحقيق انسيابية الجرس، كونه يمثل تنفيسا فيه. كما ان الايقاع اللفظي هذا لم يأت من فراغ، وانما لاشغال مركز الدلالة الذي ركز عليه الشاعر في الاستهلال. فالطول الايقاعي للفظة جاء لغرض التنبيه والتمهيد بكون (اللذات) خدعا، وانها طيف خيال مار ومنقض.

هذا التوافق (الايقاعي، الدلالي)، نابع من قدرة الشاعر على توظيف الفاظه، في سياق منظم خدمة لوحدة البيت. فاذا (كانت الالفاظ التي انتهى اليها عقله وذوقه في مواضعها شديدة المطابقة للمعنى دقيقة، يوحي جرسها بحركة مدلولها في العنف والرقة، وفي الاضطراب والهدوء، حكمنا على من اختارها بالدقة في التفكير، وبالفنية في تطبيق الكلام على ما يقتضيه الواقع)[1] وهذا البيت هو من صميم الفنية التي صاغها الشاعر هنا.

وقوله[2]

وتتركـــــــــوني معنـــــــــى معــــــــــثر الخطـــــــــوات

في هذا البيت يعبر الشاعر عن احاسيسه المكتنزة في بواطن نفسه، باطار موسيقى ناجز من المماثلة النغمية بين لفظتي (معنى - معثر). حيث استطاعت اللفظتان بما تمتلكانه

(١) البرعة الكلامية في اسلوب الجاحظ / ٤٨.
(٢) كتاب التراث الشعبي - ديوان الكان وكان / ٧٥ .

من جرس موسيقى خاص لكل منهما، وتجانس صوتي ذي مسحة نغمية بينهما، استيعاب التجربة الشعورية وطرحها بفنية موسيقية،ابتعدت بالبيت نحو افاق الجمالية، على الرغم من اشتراكهما في تحقيق البطء الايقاعي. كما ان التآلف الايقاعي الجرسي جاء منسجما مع السياق المعنوي للبيت والمتمثل في مكا بدات الشاعر واشواقه لاهله واصحابه (فمن خلال ايقاع الالفاظ ونغمها تصبح لغة الشعر قادرة على بعث الذكريات العميقة)[1] وهي هنا تمثل ذكرى الاهل. فضلا عن ان (للبنية الصوتية دورا عميقا في تجسيد التجربة والدلالة)[2] فمفردة (معنى) تتساوق مع (معثر) دلاليا، لانهما تعرقلان مسيرة المواصلة والديمومة في الشيء، على الرغم من اختلافهما من جانب ان مفردة (معنى) تحمل بعدا معنويا، لكن الاخرى تحمل بعدا ماديا. هذا التوافق والتساوق الايقاعي الدلالي، شكل في نهايته تميزا وحضورا للبيت من غيره من الابيات.

وقوله[3]

اذا انـــت جادلـــت الخصـــوم تجـــدلوا   لـــــديك بـــــلا ضرب يقـــــد ولا طعـــــن

وقوله[4]

تشـــــــــــاقهم ارض منـــــــــــى   وتشـــــــــــتكيهم زمـــــــــــزم

(١) لغة الشعر العراقي المعاصر / ٢٨.

(٢) في حداثة النص الشعري / ١٤٣ .

(٣) الذيل على طبقات الحنابلة ٢٤٦/١.

(٤) نفسه - ٤٢٤/١ .

وقوله[١]

قـــد كتمــت الحـــب حتـــى شـــفني وإذا مـــا كـــتم الـــداء قتـــل

بـــين عينيـــك عـــلالات الكـــرى فـــدع النـــوم لربـــات الحجـــل.

٢.التـــوازي:

يلجأ الكاتب في خطابه الى استخدام اساليب متنوعة، هـدفها تغذيـة مضـمونة بـدلالات خاصـة، لكـون الخطـاب في حقيقته، يتشكل ويتنامى في العقل والنفس في الوقت نفسه، ويبرز عندها ابداعا وخلقا جديدا. تجعل منه متميزا مـن غـيره. فضلا عن ذلك فان وظيفة الشعر* في اساسها تكمن في خلق نوع من التنظيم المقبول على مـدار الخطـاب، بوسـاطة تماثلات عدة ترفع من شأن هذه الوظيفة، وتحقق هذه التماثلات بتحركاتها على مساحة الخطـاب، تعزيـزا وتـاطيرا للسـمات الفنيـة، التي يلجأ الى تحقيقها المبدع عبر قضايا جوهرية منها (طبيعة تشكيل الخطاب، او التركيب الصوتي وعلاقته بالـدلالات التـي يسعى الى تكريسها الخطاب)[٢] ومن مكونات التركيب الصوتي ينطلق التوازي، ليمثـل سـمة بـارزة لهـا ضرورتهـا عـبر شـبكة الخطاب، لانه من (حيث الجوهر مبدأ أساسي في كل انواع الفن واشكاله، ولكن له في كل نوع او شكل مظهرا متميزا

(١) مرآة الزمان ٨ / ق ٢/ ٤٩٣.

* وهي التي تكون فيها اللغة متركبة لذاتها فتعبر عن نفسها بنفسها ويتحول معها الكلام الى نسيج حاجز يستوقف الذهن ... وفي هذه الوظيفة تكمن الطاقة الابداعية في اللغة / النقد والحداثة / ١١.

(٢) منهج النقد الصوتي / ١٠

ينبع من طبيعة الاداة التي يتشكل منها هذا النوع)[1] فهو يمثل (السمة الرئيسية في نحو الشعر)[2] لذا فهو في الشعر ذو وقع اسمى منه في النثر.

ان التوازي (مفهوم السني بلاغي يتعلق ببنية العبارة ودلالتها، والخصوصية الاساسية له، انه تناظر بين جمل العبارة، يقوم على استعادة (مخطط اسنادي) واحد اسمي او فعلي)[3]، قائم على اساس (التقابل او التناقض بين جملتين شعريتين، او بين مستويين تعبيريين يشكلان وحدة الجملة الايقاعية)[4] فضلا عن ذلك فان وظيفته تكمن في اشباع الرغبة السمعية لدى المتلقي، جراء توالي المقاطع بتتابع وتناسق، وان هذا التتابع المتمثل (في الاصوات الساكنة والحركات الكلامية يهيء وعي المتلقي لاستقبال تتابع جديد من نفس النمط دون غيره)[5] الا ان هذا التتابع قد يتصدع بين الحين والاخر، وفقا لمتطلبات بواعث الشاعر. لان التوازي يلجا اليه الشاعر حينا وياتي عفويا ضمن السياق عبر (الاتساق الذي يحس الانسان حلاوته ويجده في ذلك التكرار المتناسق للمقاطع والاصوات وفقا لنظام طبيعي يجده الانسان في الطبيعة من غير تدخل منه)[6] حينا اخر. وهذا كله ناجز من تهيئة المبدع لالفاظه ووضعها ضمن نظام ونسق

(١) مفهوم الشعر دراسة في التراث النقدي / ٤٢٥.

(٢) اللغة والخطاب الادبي (مقالات لغوية في الادب) / ١٠٠.

(٣) النقد والاسلوبية / ٢٧٨.

(٤) البنى الايقاعية في مجموعة محمود درويش، (حصار لمدائح البحر) - بسام قطوس - مجلة ابحاث اليرموك - مج - ٩ - ع - ١ - ١٩٩١ / ٦١.

(٥) ظاهرة الايقاع في الخطاب الشعري - د. محمد فتوح احمد - مجلة البيان - الكويت - ع - ٢٢٨ - مارس - اذار - ١٩٩٠ / ٤٣.

(٦) موسيقى الادب - د.بدوي طبانة - الاقلام - ج - ٩ - السنة الاولى ١٩٦٥ / ٢٣.

خاص يسمح لها بان تحمل شحنات وظلالا من الدلالات والايقاعات الجميلة التي تؤطر القصيدة كلا.

ونتيجة لهذه الاهمية التي يتمتع بها (التوازي) لاشتغاله على مساحة التعبير الادبي، وجودة سبكه وصياغته سواء اكان ذلك ضمن حدود الفقرة ام العبارة بحسب ما يقتضيه التوظيف الاسلوبي الذي يرمي لتحقيقه الشاعر، او في حدود النص الشعري كلا. فان هذا قد دفع العديد من المحللين للادب بالاهتمام والنظر الى هذا الاسلوب الالسني البلاغي[1] وعده الانموذج المهم الى جانب العناصر الاخرى في تدعيم الايقاع الداخلي، ومن الذين انبروا لهذه المسالة واولوها اهتمامهم (رومان ياكبسون) عندما عرض فكرة وجود تناسبات تحدث في اثناء الخطاب الشعري بمستوياته المختلفة منها تناسب (في مستوى تنظيم وترتيب البنى التركيبية، وهي مستوى تنظيم وترتيب الاشكال والمقولات النحوية، وفي مستوى تنظيم وترتيب الترادفات المعجمية وتطابقات المعجم التامة. وفي الاخير في مستوى تنظيم وترتيب تاليفات الاصوات والهياكل التطريزية. وهذا النسق يكسب الابيات المترابطة بواسطة التوازي انسجاما واضحا وتنوعا كبيرا في الان نفسه)[2]

واخيرا يمكن القول: إنّ التوازي في حقيقته حصيلة الاندماج والتفاعل بين ثلاث بنى رئيسية هي (صرف - نحو - عروض) عندها تكتمل صورة التوازي، لتشكل متعة موسيقية في حدود البيت او القصيدة.

ويمكن بعد ذلك ان ندخل في عالمه في ضوء تقسيمه على نوعين:

أ.التوازي الترصيعي.

---

(١) النقد والاسلوبية / ٢٧٧.

(٢) قضايا الشعرية / ١٠٦.

ب.التوازي العروضي.

أ.التوازي الترصيعي:-

يتحقق الجمال الايقاعي في اثناء الخطاب الشعري، عبر شبكة من التداخلات والتلاعب المقصودة وغير المقصودة، في تحريك اللغة الشعرية وفقا لمتطلبات الشعرية والشاعرية التي يرمي الشاعر تحقيقها في خطابه. ومن جماليات هذا التلاعب (الترصيع). وهو الذي ياتي ضمن نطاق البيت والبيتين لتحقيق اغراض صوتية ترفع موسيقى القصيدة نحو افاق الفنية من جهة واغراض دلالية من جهة اخرى.

ويمثل هذا الاسلوب بحسن ما يمتلكه من جرس لفظي ودوره ضمن صياغة شعرية - موسيقى يطلق عليها (موسيقى الحشو)، وفائدتها تكمن في ارفاد القافية وتدعيمها موسيقيا – فضلا على هذا التعبير يقول علوي الهاشمي بصدد ذلك انها قواف (داخلية متحللة وهاربة من انضباط السياق الوزني واطاره الخارجي، نحو وظيفتها التكوينية الخاصة)[١] لاننا عندما نقرأ بيتا ما في القصيدة، لا نقرأه على اساس تقسيمه على وحدات متساوية من حيث الكم، وانما نقرأه على اساس ما فيه من تناغم داخلي نحسه بين عناصره. وان هذا التناغم الحاصل غير مرتبط بالبطء والسرعة، وانما عبر انساق التفاعل وعلاقاتها التتابعية والتي تحمل عندها وحدة نغمية خاصة تشعرنا بموقع الجمال لنقف عليه[٢]

---

(١) السكون المتحرك – دراسة في البنية والاسلوب – ٣٣٩/١ .
(٢) في البنية الايقاعية للشعر العربي / ١٣٨ .

والترصيع في ابسط تعريفاته هو ان يتوخى الشاعر (تصير مقاطع الاجزاء في البيت على سجع او شبه به، او جنس واحد في التصريف)[1] وهو بهذا يمثل جمالية مقبولة. ولكن هذا القول لا ينسحب على مجيء (الترصيع) في اثناء البيت في كل وقت لكونه (لا يحسن في كل موضع ولا يصلح لكل حال، ولا يحمد اذا تواتر واتصل في القصيدة لدلالته على التكلف والتعمل، بل يحسن اذا اتفق له في البيت موضوع يليق به)[2]...

على هذا يمكن القول ان الشاعر، المتفتح الشاعرية والمقتدر فنيا، يستطيع ان يستخرج من ركام اللغة كفايته، ويوظفها بشكل امثل عبر شبكة من الاستخدامات تجعل خطابه وحدة متماسكة لا يمكن تمزيقها.

وبعد قراءتنا لشعر الشاعر، وجدناه يستخدم الترصيع على نحو يجعل منه ظاهرة اسلوبية تستوقف القارئ. وجاء ترصيعه في شكلين: ثنائي ورباعي.

١.الثنائي:

هذا الشكل يتمثل باختيار قافية داخلية خاصة بالصدر، تاتي في بيتين متتالين، على عكس القافية العامة. وهذه القوافي الثانوية لها حضورها وصداها على الصعيد الايقاعي الذي يستبان اثره في السمع ...

هذا الشكل من الترصيع حضوره كثير في شعر (ابن الجوزي) نذكر منه قوله[3]

يـــا ســـاكنين بقلبـــي يـــا غـــائبين عـــن النظـــر

(١) نقد الشعر - قدامة بن جعفر - تحقيق - كمال مصطفي - مطبعة السنة المحمدية - مصر - ١٩٤٨/ ٣٢ -و- الصناعتين / ٣٧٥ .
(٢) بناء القصيدة العربية / ١١٧ .
(٣) كتاب التراث الشعبي - ديوان الكان وكان / ٧٤.

يـــــا حـــــــاضرين بقلبـــــي اطلـــــــــتم الحسرـــــــــات

في هذين البيتين نجد ثمة تنميطا مميزا يحيلنا الى تحليله واستبيان خصائصه، لكونه يمثل نسيجا مختلطا من المستويات الاسلوبية الثلاثة (صوتية - دلالية - تركيبية). فالتشابه الصوتي حاصل جراء ورود البيتين بقافية داخلية واحدة ذات الدلالة نفسها، فضلا عن اشتراكهما بالتقطيع العروضي المتناسب والذي يندرج تحت عنوان (مجزوء الكامل)

/ ٥ / ٥ / ٥ // ٥ /// ٥ / ٥

/ ٥ / ٥ / ٥ // ٥ /// ٥ / ٥

وهذا التناسب يجعل الايقاع يسير في الاسماع بانسيابية هادئة، وهو منسجم مع رقة ولطافة الالفاظ المستخدمة.. اما فيما يخص التشابه التركيبي، فنجد كلا البيتين بدأ باسلوب النداء للجماعة والمتبع بالجار والمجرور، فيما نلمس التشابه الدلالي بلفظة (القلب) المنسجمة دلاليا مع السكون والحضور، فاحبابه قريبون منه ملازمون له، لانهم في القلب وهذا ما يعمق دلالة الوجد والحب لهم كونهم بعيدين عنه ...

وقوله[١]

لا تعطـــش الـــروض الـــذي بنيتـــه بصـــوب انعامـــك قـــد روضـــا

لا تـــبر عـــودا قـــد رشـــته حـــاش لبـــاني المجـــد ان ينقصـــا

ان كـــان لي ذنـــب قـــد اجنيتـــه فاســـتانف العفـــو وهـــب لي الرضـــا

يطلب ابن الجوزي في هذا المقطع العفو من الخليفة بعد اطلاق سراحه، وقد عمل على تعميق عنوان لوحته (الاعتذار وطلب العفو)، عن طريق تواتر الصيغة الايقاعية

(١) البداية والنهاية - ١٣/٢٠ .

نفسها على مدار الاسطر الثلاثة. وحقق هذا الاسترسال والتدفق بتوالي المفردات ذات الطاقات الايقاعية الذاتية المتمثلة بجرسها الموسيقي المنسجم مع السياق، اشباعا دلاليا اسهم في نسج متطلبات الصورة. فالدلالة الصوتية المتمثلة بالقوافي الثانوية، وبسبب وقعها الموسيقي اللافت للسمع، قد اثارت انتباه المتلقي، ونمت لديه روح الكشف عن المضمون، وكثفت من رؤيته للنص لاستجلاء خفايا الصورة. وعلى هذا فان الواقع الايقاعي عبر (الترصيع)، جاء نابعا من صميم المعنى الذي اراد عرضه الشاعر، وليس طارئا عليه من الخارج..

وهناك نماذج عدة من هذا الشكل نكتفي بذكرها دون تحليلها، تلافيا للاطناب الذي لا نوده في عملنا هذا. فمن هذه النماذج قوله[1]

هـــم يتهمـــوني بغيـــرك   لا عـــاش غـــيرك ولا بقـــى
لـــو كـــان في القلـــب غـــيرك   مـــا كنـــت انـــا اهـــواك

وقوله[2]

محـت بعـدكم تلـك العيـون دموعهـا   فهـل مـن عيـون بعـدها تسـتعيرها
اتنسى ريـاض الـروض بعـد فراقهـا   وقـد اخـذ الميثـاق منـك غـديرها

وقوله[3]

تصرفوا في ملكهـم   فـلا يقـال ظلمـوا
ان وصـلوا محـبهم   او قطعـوا فهـم هـم

(١) كتاب التراث الشعبي - ديوان الكان وكان / ٧٧.
(٢) الذيل على طبقات الحنابلة - ١١٤/١.
(٣) الذيل على الروضتين : ٢٤.

وقوله[1]

للـــــه در العـــــيش في ظلالهـــــم ولي كـــــم اســـــار في المفاصـــــل

واطـــــربي اذا رايـــــت ارضـــــهم هـــــذا وفيهـــــا رميـــــت مقـــــاتلي

وقوله[2]

هـــــم هـــــم هـــــم نفسيـــــ وضـــــيقوا في حبسيـــــ

ومزقـــــوا اكتـــــب درسي عمـــــدا وهـــــم راس مـــــالي

٢.الرباعي:

قد يكون هذا الشكل اقل حضورا من سابقه في شعر (ابن الجوزي)، ولكنه يحمل وقعا موسيقيا له دلالته ...

وهذا الشكل كسابقه قد لا ينطلق من عبث، وان كانت بعض الابيات مصاغة بملمحها الصوتي حسب، ولكن المعنى في اغلبه يستدعيه ويطلبه ولا يستغني عنه، وهو بهذا يحقق مغزيين (صوتي - دلالي).. ويمكن ان نلمس ذلك بقوله[3]

برجاحـــــة وفصـــــاحة وملاحـــــة يفضيـــــ لهـــــا عـــــدنان بالعربيـــــة

وبلاغـــــة وبراعـــــة ويراعـــــة ظـــــن النبـــــاتي انهـــــا لم تنبـــــت

ان توالي المفردات الفخمة المناسبة لسياق المعنى المراد بصيغة صرفية موحدة على زنة (فعالة)، حفز الايقاع على اثارة انتباه المتلقي لمعرفة مغزى هذا التكثيف، ومدى التناغم الموسيقي الذي احدثته هذه المفردات. فاللوحة المتوهجة بالذكرى انبثقت منها

(١) الذيل على طبقات الحنابلة -٤٢٣/١.
(٢) مراة الزمان - ٨ / ق ٤٤٠/٢ .
(٣) الذيل على الروضتين / ٢٥.

ملامح الترصيع لغرض التاكيد والالحاح على جهة معينة. وهو وصف تلك المجالس التي كان الشاعر يقضي فيها اوقاته طلبا للعلم والمعرفة فالسمة النغمية المتاتية من الترصيع جاءت في ابراز هذا المعنى ...

وقوله[1]

قلـب بغـير حجـىً عـين بـلا بصرـ اذن بـلا اذن انـف بـلا انـف

الايقاع الداخلي بشكله الترصيعي والجرس الموسيقي الخاص بالمفردات المتراصة فيما بينها، جاء بهما الشاعر من اجل منح معناه اطاره النغمي المطلوب. فالترصيع الوارد يحمل نبرة موسيقية متزنة وبطيئة. جعلت الايقاع مناسبا للمعنى، وهو توجيه اللوم والغضب الى الدنيويين. حيث مثل البيت الترصيعي هذا، خلاصة الدلالة في الابيات كلها. مما خلق توازنا (صوتيا - دلاليا) في الوقت نفسه.

وقوله[2]

فبيتـك معـروف وعلمـك ظـاهر وفضـلك مشـهور فـما حصـل المثنـى

يتجاوز الشاعر هنا دائرة الصدر الى العجز. بترصيع مزدوج من لفظتين. حيث اكتسب الايقاع سمة نغمية امتدت على مساحة البيت. وهذا التنسيق الترصيعي لم يات الا بطلب المعنى له، لكونه مقرونا بالمدح وما يؤول اليه من معان. فالالفاظ الترصيعية جاءت مناسبة بمجاورتها للاخرى (فالبيت معروف افضل من ظاهر لو عكسه)، لان كل بيت يشترك بصفة الظهور من حيث معالمه، ولكن ليس كل بيت معروفا، والفضل مشهور افضل من ظاهر ومعروف، لان الشهرة تتجاوز حيز المكان، وتفوق كل زمان.

---

(١) مقامات ابن الجوزي / ١٥٨ .

(٢) الذيل على طبقات الحنابلة - ٢٤٦/١ .

وبهذا التلاؤم الدلالي - الصوتي اكتسب البيت فنية الابداع، وتحقق صداه على صعيد السمع.

وقوله(١)

فكـــل جمـــع فـــالى تفـــرق   وكـــل بـــاق فـــالى نفـــاذ

وقوله(٢)

فـــالارض ياقوتـــه والجـــو لؤلـــؤة   والنبـــت فـــيروزة والمـــاء بلـــور

واخيرا يمكن القول: إنّ القوافي الداخلية (الثانوية) المغايرة للقافية العامة، حملت وظيفة الربط بين المفردات، لتشكل الواقع الايقاعي الى جانب الدلالي.

ب.التوازي العروضي:

ان هذا النوع يتحقق بتوازي الصدر والعجز، من حيث التقطيعات العروضية جزئيا او كليا. ويحقق بمجيئه توقيعة موسيقية ملموسة، تجعل هذا البيت يثير انتباه المتلقي اكثر من غيره. فضلا عن دخول التركيب في اطاره من حيث اعادة الصيغة النحوية. وهذه مجموعة من النماذج منه. منها(٣)

يجعـــده مـــر الشـــمال وتـــارة   يغازلـــه كـــر الصـــبا ومرورهـــا

لا يحتاج البيت الى نظرة تمعن متانية من قبل قارئه، لكون ملامح التوازي مرسومة قسماته بوضوح، عبر شقيه (التركيبي - الصوتي). فالتوازي التركيبي متمثل في تكرار الصيغة نفسها في الصدر والعجز مع فارق اختلاف اللفظات. فالصيغة (يجعده مر

---

(١) نفسه - ٤٢٥/١ .

(٢) مقامات ابن الجوزي / ١٩١ .

(٣) الذيل على طبقات الحنابلة - ١ / ٤٢٣-٤٢٤ .

الشمال - تحمل نفس ملامح- يغازله كر الصبا). وعلى الرغم من مجيء المتواليات النحوية منتظمة بصيغة متوازية، جاءت مختلفة من حيث التنظيم العروضي الايقاعي، ولكن عند حذف جملة (الفعل والمفعول به) من كلا الطرفين (يجعده - يغازله)، يصبح التناسب الايقاعي عبر التوازي منتظما وهذا يبتدئ من

مـــــــر الشـــــــمال وتـــــــارة   كـــــــر الصـــــــبا ومرورهـــــــا

/٥/٥//٥///٥//٥   /٥/٥//٥///٥//٥

اما على نطاق المفردة فلفظة (مر - توازت وناسبت كر). وقد حقق هذا التقارب الصوتي التركيبي في مجموعه طابعا غنائيا، اعطى البيت لمسة فنية.

وقوله[1]

يـــــا نادبـــــا اطـــــلال كـــــل نـــــادي   وباكيـــــا في اثـــــر كـــــل حـــــادي

يحمل البيت بين طياته ثلاث اشارات، تمثل ثلاثة مستويات (صوتي - تركيبي - دلالي)، تجعل الصورة الفنية في البيت مكتملة. وتصبح هذه الصورة بدورها حلقة وصل وارتباط بين العمل الابداعي، والمتلقي الذي يحاول اكتناه جوانب الصورة الخفية ... فالتوازي الصوتي حاصل بين:

اطـــــلال كـــــل نـــــادي   في اثـــــر كـــــل حـــــادي

/٥/٥//٥//٥/٥   /٥/٥//٥//٥/٥

وقوة هذه الموازنة تعود الى اشتراك الطرفين في الاطار الموسيقي للبيت. اما جانب توالي التوازي التركيبي، فهو مقرون في (كل نادي - كل حادي) ...

(١) نفسه - ١/٤٢٥ .

اما فيما يخص الكشف عن الوظيفة الدلالية داخل المتن، فان سمات الدلالة مستبانة بلفظتي (نادبا - باكيا)، فالى جانب ورودهما بتواز عروضي واحد، الا انهما حملا ترادفا لمعنى واحد وهو (الفجيعة لامر ما).

فالندب من حيث وجهه الاخر ما هو الا بكاء، ولكنه هنا اقترن بالمكان، اما البكاء (باكيا)، فهو ناجم عن فراق الاصحاب ... والصورة الفنية مكتنزة في وسط هاتين اللفظتين، عبر مفردة (الاطلال)، فالاطلال معناه الوقوف والبكاء على الاثار القديمة. واللفظة (نادبا) جاءت مقترنة معها والدلالة العامة في البيت هي (الفراق جراء البعد). وقوله[1]

انــــت حجـــــي واعــــــتماري   انـــــت احرامـــــــي وحـــــلي

تتوالى مفردات البيت في نسق ايقاعي هادئ وبنبرات منخفضة، بسبب ما حققته المفردات لرهافتها والتضامها، عبر نسق المتواليات وبابعادها الثلاثة في تكوين هذا النسق. فعلى الرغم من احتواء البيت على تماثل ايقاعي مقترن بالتقطيع العروضي بين الصدر والعجز، يحتوي في الوقت نفسه على مقاربة واضحة، لتوالي توازي النحو، من حيث اقتران المسند بالمسند اليه وبنفس ورود لفظة (المسند اليه)، عن طريق توجيه الخطاب للمخاطب. وذلك بالضمير المنفصل (انت). الا ان البيت يمتلك سمات دلالية متمثلة بشبكة الثنائيات الضدية، ليخوض من خلالها (ابن الجوزي) معترك الصراع الذي يكتنزه في داخله للجفاء والقطيعة والبعد للحبيبة. فهنا يحاول استعطاف الحبيب بمفردات شعورية لها اثرها عند المتلقي.

(١)الجواهر المضيئة - نقلا عن - اخبار الظراف والمتماجنين / ٣١ .

وقوله[1]:

واغلـــــق ابـــــواب حــــزني وافـــــــتح ابـــــواب الهنــــــا

ان التوازي الحاصل في البيت، يتحرك بصيغة محكمة وفنية في ثلاثة مستويات (دلالي، تركيبي، صوتي)، فالتماثل الدلالي جاء عن طريق التضاد بين طرفين متعاكسين تحت جناح (المقابلة). والتركيبي وارد باعادة الصيغة نفسها من حيث الابتداء بالفعل (المضارع). اما التماثل الصوتي، فهو متمثل بالتنظيم العروضي المتكافئ بين

واغلــــــق ابـــــــواب وافـــــــتح ابـــــــواب

//٥///٥/٥/ //٥///٥/٥/

وقوله[2]:

وتــــترك مـــا عنيـــت بـــه زمانـــا وتنقـــل مـــن غنـــاك الى افتقـــارك

وقوله[3]:

ام تـــرى تكسرـــــ قيــــدي ام تـــــرى تــــــرحم ذلي

وعلى هذه الشاكلة، نجد تشخيصات عدة من هذا النوع، تحمل صورة التوازيات في مستوياتها الثلاثة (الصوتي - التركيبي - الدلالي)، تدل على امتلاك (ابن الجوزي) ناصية الابداع المؤطرة بتوظيفاته الدقيقة، والتي لم تأت في اغلبها من فراغ، بل من عمق فني وخلفية ثقافية، احكمت في النهاية ايقاعه بتوازيات فنية. وذلك بضبطه الحركة والسكون ضمن مدار البيت، لتحقيق الجمال الايقاعي. وهذا ما يؤكده جابر عصفور

(١) كتاب التراث الشعبي - ديوان الكان وكان / ٧٦ .

(٢) الذيل على طبقات الحنابلة ١ / ٤١٠ .

(٣) الجواهر المضيئة - نقلا عن - اخبار الظراف والمتماجنين / ٣١ .

بقوله: (ان تعاقب الحركة والسكون في الاوزان المتعددة، ليس امرا عشوائيا، بل هو عملية تناسق داخل نظام متحد لحركة منتظمة في الزمن، تتالف داخلها الاجزاء في مجموعات متساوية ومتشابهة في تكوينها، فيتشكل في هذا التالف كـل وزن على حدة، ويتميز في نفس الوقت عن غيره من الاوزان)[1]

٣- التكرار

يعد التكرار ظاهرة اسلوبية في الشعر العربي قديمه وحديثه. وقد حازت على اهتمام الكثير مـن النقاد، بـاختلاف ثقافاتهم، لكونها تشكل في القصيدة جوا تناغميا له اثره في الصعيد الايقاعي. والتكرار كغيره من الاساليب يتمتع بامكانيـات تعبيرية لها مدلولاتها في القصيدة، اذا ما (استطاع الشاعر ان يسيطر عليه سيطرة كاملة، ويستخدمه في موضوعه والا فليس ايسر من ان يتحول هذا التكرار نفسه بالشعر الى اللفظية المبتذلة)[2] والمقصود بالتكرار تناوب الالفاظ واعادتها في سـياقات خاصة، لتشكل نظاما موسيقيا ذا ميزة غنائية. تفيد في تقوية الصورة، وجعلها تتحرك على مساحة الـنص بحيويـة جذابة، او هو كما تقول نازك الملائكة: (الحاح الشاعر على جهة هامـة في العبـارة، يعنى بها الشاعر اكثر مـن عنايتـه بسـواها ... فالتكرار يسلط الضوء على نقطة حساسة في العبارة ويكشف عن اهتمام المتكلم بها)[3] . وهذا الانسـجام الصـوتي الحاصـل، يحققه الاسلوب الشعري ذو الرصف الجيد والنظم المبدع.

والتكرار لا يحسن في كل موضوع، فهو يكون حسـنا اذا كـان في الغـزل، او النسـب، او الاشـارة والتنويـه، او التقريـر والتوبيخ، او التعظيم، او جهة الوعيد والتهديد

---

(١) مفهوم الشعر – دراسة في التراث النقدي / ٣٦٨ .

(٢) قضايا الشعر المعاصر / ١١١ .

(٣) نفسه / ٢٤٢ .

ان كان عتابا موجعا، او على سبيل التوجع في الرثاء او على سبيل الاستغاثة، ويقع التكرار في الهجاء على سبيل الشهرة او على سبيل التهكم والتنقيص ...[1] كما انه (يعطي شيئا من التفخيم في القلوب والاسماع اذا كرر في المديح وهذا الحسن وهذا التفخيم في القلوب والاسماع، هو ما نعرفه نحن اليوم بالرنين او بالجرس الموسيقي لوقع الكلام)[2]

كما ان التكرار يقع في الالفاظ اكثر منه في المعاني. واذا ماتم استخدام هذين النوعين (اللفظي والمعنوي) في النص، فذلك يكون من اجل المعنى وتاكيده المراد اثباته ...[3] والتكرار في اثناء الخطاب الشعري، يركز عنايته على المكرر، او التلذذ بذكره، وتمييزه من غيره، الى جانب قيامه بمهمة الكشف عن القوة الخفية في المفردة، لارتباط معناه بشكلها الصوتي، وهذا كله نابع من صميم التجربة الشعورية الشعرية (التي تفرض وجودا معينا ومحددا للتكرار. وهي التي تسهم في توجيه تاثيره وادائه بالقدر الذي يجعل من القصيدة كيانا فنيا خاضعا لنظام تكرار معين)[4] فضلا عن ان الغرض من التكرار يكون الخطابة، من حيث ان الشاعر يعمد الى تقوية ناحية الانشاء، أي ناحية العواطف والاستغراب والحنين على نحو تصحبه المفاجأة والدهشة وتجعل حاسة التامل ذات

(١) العمدة في محاسن الشعر وادابه ونقده - ابن رشيق القيرواني - تحقيق - محمد محي الدين عبد الحميد - مطبعة السعادة - مصر - ط/٢ - ١٩٥٥ - ٢ / ٧٤ - ٧٦ .

(٢) اللفظ وعلاقته بالجرس الموسيقي - هند حسين طه - مجلة اداب المستنصرية - بغداد - ع - ٢ السنة الثانية -- ١٩٧٧ / ٣٣٣ .

(٣) لغة الشعر عند المعري / ٨٨ - و - العمدة - ١ / ٧١ .

(٤) موسيقى القصيدة العربية المعاصرة (الحرة) لجيلي الرواد وما بعد الرواد - دكتوراه / ٢١٣ .

فعالية فنية وغير ذلك[1] فضلا عن ذلك فان التكرار يضم الى جانب وظيفته الايقاعية وظيفتين اثنتين، اولها الوظيفة الدلالية، حيث (لم ينس الشاعر القديم المستوى الدلالي للتكرار ايضا اضافة الى المستوى الصوتي فما من شك في انه كان يكرر الكثير من الكلمات لدلالة معينة)[2] وتقوم هذه الدلالة في دورها في اثراء المفردات المكررة، واكسابها بعدا معنويا له وقعة في النص الشعري، وهذا ما يؤكده صلاح فضل بقوله: (ان الاعتماد المسرف على المتكررات الصوتية لابد ان تتولد عنه متكررات دلالية. تجر هذه الوحدة الشعرية الى منطقة الانظمة الفنية التقليدية)[3]

اما الثانية فانها وظيفة نفسية شعورية مرتبطة بازاء موقف معين لتجربة خاصة للشاعر، وهذه الوظيفة تضع (في ايدينا مفتاحا للفكرة المتسلطة على الشاعر، وهو بذلك احد الاضواء اللاشعورية التي يسلطها الشعر على اعماق الشاعر فيضيئها بحيث نطلع عليها)[4]

وفي الختام لا يسعنا الا ان نقول، ان وظيفة التكرار لا يمكن ان تقف عند حد من هذه الحدود، أي ابراز كل وظيفة على حدا، بل انها تمتد الى مساحات النص كله، وذلك بسبب كون التكرار يمثل حلقة وصل رابطة بين هذه الوظائف، لكي تعمل مجتمعة على

(١) المرشد الى فهم اشعار العرب / ٤٥ – و – لغة الشعر العراقي المعاصر / ١٨١ .

(٢) في قصيدة ابي تمام البائية في فتح عمورية – دراسة في الموسيقى والايقاع – د.ماجد الجعافرة – آداب الرافدين – ع – ٢٧ – ١٩٩٥ / ١٠٤ .

(٣) شفرات النص / ٩١ .

(٤) قضايا الشعر المعاصر / ٢٤٢ – ٢٤٣ – و – في قصيدة ابي تمام البائية في فتح عمورية – دراسة في الموسيقى والايقاع – د.ماجد الجعافرة مجلة آداب الرافدين – ع – ٢٧ – ١٩٩٥ / ١٠١ – ١٠٢ .

تعميق الوظيفة الاسمى للتكرار، ليخرج عندها ملمحا اسلوبيا ... وتاتي دراستنا في هذا القسم على خمسة انواع. وهي على النحو الاتي:

أ.تكرار حرف

ب.تكرار البداية (كلمة - اداة)

ج.التكرار الاشتقاقي

د.التكرار التصديري

هـ.التكرار اللفظي

أ.تكرار الحروف:

لا يشكل الصوت لذاته أي قيمة دلالية وايقاعية لكونه يمثل (اصغر الوحدات التي يشعر بها على انها غير قابلة للتقسيم اكثر عن طريق الشعور اللغوي)[١] مالم يدخل تحت اطار المفردة، والتي تجعل له خاصية خاصة. لان الصوت (في أي كلمة يمكن ان يؤدي وظيفتين احدهما ايجابية والاخرى سلبية اما الاولى فحيث يساعد في تحديد معنى الكلمة التي تحتوي عليه، واما الثانية فحيث يحتفظ بالفرق بين هذه الكلمات والكلمات الاخرى)[٢]

فالصوت (ض) لا يوحي لنا بشيء الا عند دخوله في تركيبة المفردة، فالمفردة (ضرب) تحمل دلالة صوتية لاشتمالها على ثلاثة مقاطع (ض، ر، ب). حيث ان الصوت (ض) اخذ موقعه وابتعد عن الجمود. فضلا عن دلالة المفردة من حيث المعنى. وعلى هذا الاساس فان الصوت اذا ما تكرر ضمن المفردة وعلى نطاق المفردات في النص كلا وعلى نحو ملحوظ، فانه يحمل بذلك مظهرا فنيا موسيقيا له قيمته داخل الخطاب

---

(١) دراسة الصوت اللغوي - د. احمد مختار عمر - عالم الكتب - القاهرة - ١٩٧٦ / ١٤٨.

(٢) نفسه / ١٥٢.

الشعري. والشاعر المبدع الاصيل (يحاول ان يوفر هذه الحقيقة الهامة عن طريق صياغة الكلمات، مستغلا الخواص الحسية لاصواتها وجرسها، وهو في هذا لا يقوم بعمل سهل، وانما يقدم شيئا من روحه واحساسه ومشاعره)[1] لان الكلمات المكونة للشعر تعد اجزاء موسيقية بسبب تحركات حروفها الداخلية، وعن طريق تحركات هذه الحروف، تشكل الكلمات في النهاية نغمات موسيقية تغني البيت والقصيدة باكملها بانسيابية ايقاعية مناسبة. وهذا ما يؤكده كمال ابو ديب بقوله: (ان لكل عنصرـ صوتي في العربية قيمة في اعطاء الكلمة صيغتها الوزنية، وبالتالي في اعطاء التشكيل الشعري صيغته الايقاعية)[2] وبالنظر للاهمية التي يتمتع بها الصوت وما يحمله من دلالات، فان من اللغات ما يعطي للصوت اهمية كبرى، لاختلاف درجته الصوتية من جهة، وكونه يمثل اداة فعالة في اختلاف المعاني تبعا لاختلاف درجة الصوت حينما ينطق به من جهة اخرى[3] (فالصوت الايقاعي المنغوم وسيلة ايحاء واداة فعل وحدث)[4] يدفع الخطاب الشعري نحو افاق الفنية. ويجعل منه قطعة موسيقية عذبة اذا ما احكم الشاعر المبدع تكراره بشكل مجد وفعال، لان الشاعر يلجا الى تكرار الاصوات (بدوافع شعورية لتعزيز الايقاع في محاولة لمحاكاة الحدث الذي يتناوله، وربما جاء للشاعر عفوا او دون وعي منه)[5]

(١) عضوية الموسيقى / ١٨.

(٢) في البنية الايقاعية للشعر العربي / ٣١٥.

(٣) الاصوات اللغوية / ١٧٥.

(٤) عضويه الموسيقى / ٢٨.

(٥) لغة الشعر العراقي المعاصر / ١٤٤.

والجدير بالذكر ان تكرار الحروف لا يكون قبيحا مستكرها في النص، الا حين يبالغ فيه، وحين يقع في مواضع خاصة من الكلمات تجعل نطقه عسيرا لذا فانه يحتاج الى التوزيع السليم في الكلمات الداخلة تحت اطار السياق[١]

وانطلاقا من هذه الفكرة البسيطة، وهذا العرض السريع، نؤسس دراستنا في هذا النوع بالتركيز على الاصوات التي تكررت في المفردات على نطاق البيت و البيتين، محاولين ابراز واظهار جوانبها الجمالية ودورها الذي ادته في رفد الخطاب الشعري واكسابه رنة ايقاعية جميلة ومثال ذلك قوله[٢].

محت بعدكم تلك العيون دموعها فهل من عيون بعدها تستعيرها

يندرج هذا البيت ضمن اطار التكثيف السمعي وهذا التكثيف ناجز جراء ما حققه صوت (ع) من ترنمات صوتية وابعاد دلالية، وبواقع تكراري ست مرات حتى جعلته يشغل حيزا واسع النطاق غير خاف على مدار البيت كلا. وبالنظرة الدقيقة في البيت نجد ان توزيع صوت (ع) جاء على مساحة البيت بشيء من العلمية المحققة في دفع الصورة الى الفنية. فقد ورد الصوت في المفردات (العيون، عيون) و (بعدكم، بعدها) و (دموعها، تستعيرها) وهذا التوزيع فيه هندسة شعرية، ولتقريب الصورة على نحو أوضح، انظر هذه الخطاطة.

محت بعدكم تلك العيون دموعها فهل من عيون بعدها تستعيرها

(١) موسيقى الشعر / ٤١.

(٢) الذيل على طبقات الحنابلة – ٤٢٣/١.

نلحظ ان التوزيع المتداخل هذا قد حقق بعدا صوتيا تناغميا، اثرى البيت بايقاع متناسق ومتساو، الا انه ايقاع ذو وقع شديد وبطئ في الوقت نفسه، وذلك بسبب ما يمتاز به الحرف الحلقي (ع) من تكلف في نطقه وشدة في صوته، وجاء التكرار الصوتي محققا تناسقا ايقاعيا في الصدر والعجز وبواقع (٣+٣). وعلى الرغم مما يمتلكه الصوت (ع) من تماثلات صوتية، يحمل في الوقت نفسه ابعادا دلالية ضمن نسق البيت.

وانطلاقا من علاقة الصوت بالمعنى، فان اللغة الشعرية تصبح اكثر تميزا وظهورا جراء الصلة بين الجانبين الصوتي والدلالي[1] لكون (الشاعر الاصيل هو الذي يتمتع بحساسية عظيمة لاصوات اللغة ويمتلك قدرة فائقة على الملاءمة بين الصوت والمعنى، ويعرف كيف يوازن بين الاصوات والافكار من جهة، وبين ما يعبران عنه من جهة اخرى)[2] لذلك فاننا نلمس ان الصوت (ع). قد جاء ملائما للمعنى الذي يريده الشاعر ودافعا له في اكتمال الصورة، عن طريق وروده في مفردات البيت. فالمفردات التي شكلت اللبنات الاساسية في البيت وهي (العيون والدموع + بعد) كلها مفردات تنذر بالماساة والحزن الشديد. الا انها مفردات ادت دورها في اثراء البناء الفني للبيت. وحقق صوت (ع) لغلظة وقوته الشديد وإيقاعه المتكلف دورا مهما ومناسبا لهذه المفردات بايحاءاتها الماساوية، ومساعدا لها في اكتمال الصورة بفنية ونسق عال، وهي صورة البعد والتغرب والحنين الى الديار.

وقوله[3]

لمـــــن تعـــــذلين امـــــا تعذريـــــن   فلـــو قـــد تبعـــت دفعـــت الا نينـــا

(١) نقد النقد / ٢٨ -و- مقالات في الاسلوبية /١٤ -و- قضايا الشعرية/٥٤.

(٢) عضوية الموسيقى /٣٠ -و- منهج النقد الصوتي / ٥٢ -و- لغة الشعر العراقي المعاصر / ٢٨ .

(٣) الذيل على طبقات الحنابلة - ٤٢٤/١ .

اذا غلـــب الحـــب ضـــاع العتـــاب تعبـــت واتعبـــت لـــو تعلمينـــا

يجد كل ذي بصيرة في هذين البيتين، كثافة الحس الانفعالي واضحة. وان الايقاع دال على فـورة انفعاليـة مـع انكسـار نفسي تبدو قسماته جلية للعيان. وهذا الايقاع المتكون من تكرار اصوات بعينها وبكثافة سمعية متزنة جاء متناسبا ومتناسقا مع صورة العتاب للحبيبة التي ادلى بها الشاعر، وحققت هذه الاصوات المتناثرة على مساحة البيت في اغنـاء الصـورة هـذه بالحيوية، ونقلها بجمالية موسيقية فنية عالية المستوى فقد تكرر على نطاق البيتين صوت انفجاري متمثـل بـ (ت) وبواقـع احدى عشرة مرة وصوت انفجاري فخم الرنة وهو (ع) وبواقع ثماني مرات. والشيء الجدير الذي نلمسـه، هـو تجـاور صـوتين مختلفي المخرج والخاصية الصوتية على نطاق البيتين، وهما متلبسان بالفعل المضارع تـارة، والمـاضي تـارة اخـرى، مـع غلبـة المضارع. ففي البيت الاول جاء الصوتان في الفعل المضارع (تعذلين، تعذرين) وبالفعل الماضي (تبعت، دفعت). حيـث حققـا لكثافتهما ووجود الجناس بين المفردتين. فضلا عن مشاركة صوت (ن) برنته الموسيقية الهادئة في الصدر، بعدا صـوتيا ظـاهرا، وازدادت بعدها حدة جماليتها في البيت الثاني ليشـكلا في النهايـة سـمة موسـيقية داخليـة تـؤطر الـنص بشيـء مـن الرونـق الجذاب. واذا ما تابعنا الايقاع باطاره العام، وجدناه ذا رنة غير متكلفـة في الصـدر لترتيـب الاصـوات عـلى نحـو متسلسـل في البيت الاول، اما في العجز فان الايقاع جاء متكلفا وبانسيابية بطيئة. وللتوضيح انظر الترتيب هذا:

ن - ت - ع - ن - ت - ع - ن × ت - ع - ت - ع - ت - ن - ن

وكذلك قوله[1]

ستنقلك المنايا عن ديارك ويبدلك الردى دارا بدارك
وتترك ما عنيت به زمانا وتنقل من غناك الى افتقارك
فدود القبر في عينيك يرعى وترعى عين غيرك في ديارك

تشكل المقطوعة القصيرة هذه لوحة فنية ايقاعية عالية المستوى، متمثلة في ابعاد صوتية، قد تكررت على مدار الابيات، محدثة هذا الانسجام والتناسق الايقاعي. واذا ما اردنا الدخول في عالم المقطوعة الايقاعية هذه عن طريق جسر-الاحصاء، لمسنا ان هناك ثلاثة اصوات قد تكررت على نحو لافت للنظر، وذات وقع عذب في السمع وبالتدرج نرى ان الصوت (ع) قد تكرر ست مرات وبكثافة تركيزية في البيت الثالث، وصوت (د) تكرر سبع مرات وبكثافة تركيزية في البيت الاول، فيما شكل صوت (ر) اعلى نسبة من الصوتين السابقين وبتقدير احدى عشرة مرة وبكثافة تركيزية في البيت الاول والثالث. وبحساب عدد الاصوات الثلاثة والتي مجموعها اربعة وعشرون صوتا، وبالقياس على مساحة المقطوعة الصغيرة. نلحظ انها حققت سيطرة موسيقية بايقاع رشيق سهل خال من التكلف، لما تمتلكه هذه الاصوات من خصائص جوهرية، تكمن في مخارجها. وبتجاوز دائرة الجسر الاحصائي والدخول في التحليل، نجد ان البيت الاول حمل توقيعا نغميا خاصا، وبانسيابية هادئة، بالرغم من سرعة الايقاع فيه، وكان رائد هذا الوقع صوت (د) المجاور لصوت (ر)، حيث اثريا البيت واعطياه بعدا وتماثلا صوتيا، لما يمتازان به من رشاقة اللفظ وخفة الوقع في السمع. وهذا واضح في المفردات التي حوت الصوتين اربع مرات مع ورود صوت (د) وحده في مفردة واحدة، اما في

(١) الذيل على طبقات الحنابلة - ٤٠٩/١ - ٤١٠ .

البيت الثالث، فاننا نجد ايقاعا فيه من التباطؤ الشيء القليل بسبب ترداد صوت (ع) اربع مرات وما يمتلكه هذا الصوت من القوة والاجهاد في اللفظ، والغلظة الشديدة في السمع، الا ان انتشار صوت (ر) على مساحة البيت وبصورة شمولية، قد اغنى هذا الايقاع بشيء من الانسيابية اللطيفة. كما ان المفردات المتجانسة صوتيا التي حققت بدورها تقدما موسيقيا ارفدت به اللوحة الفنية الايقاعية بجمالية خاصة، وبالتحرر من قيود الجمالية الموسيقية التي لعبتها الاصوات في نطاق البيت والولوج في السياق الموسيقي العام للمقطوعة. نقول ان صوت (ر) ذا الخفة والرقة الجذابة في السمع. كان يمثل حلقة وصل قوية بين صوتي (د) في البيت الاول و (ع) في البيت الثالث لتجاوره معهما، وشكل عندها نغمة هادئة في سماء المقطوعة كلا. وحقق في النهاية هذا الانسجام والتوازن بين الاصوات الثلاثة ايقاعا صوتيا قد لا نجد مثيله في ابيات اخرى.

وفي ضوء ما تقدم نرى ان التكرار الحرفي، ليس مجرد زينة يؤتى بها في تضاعيف القول الشعري لتميزه موسيقيا حسب، بل انه جوهر ذلك القول، كونه يمثل صوتا موسيقيا ومعنى دلاليا في الوقت نفسه. حيث نجد ان (بعض الاصوات وبعض التراكيب الصوتية ذات قوة تعبيرية عن المعنى، وملائمة لهذا المعنى بوجه خاص)[1]، ولا سيما الاصوات الفخمة التي تكشف لنا (في النصوص الشعرية عن حالات نفسية ودلالات غائرة)[2]

وهذه الجدلية المتحققة من الاندماج بين العنصرين (الصوتي والدلالي)، ترفع من شان الخطاب فنيا وتزيد من شدة تاثيره في المتلقي.

(١) دور الكلمة في اللغة / ٦١ .
(٢) منهج النقد الصوتي /٥٠ .

ب.تكرار البداية:

هذا النوع من التكرار يوحي لنا، بان الالفاظ عبر تواترها تكسب القصيدة الى جانب دلالتها، المعبرة وحدة ايقاعية تجعل منه كلا مفتاحا لفهم القصيدة في بعض الاحيان[1]

الى جانب اهميتها في تحقيق الاثارة والتاكيد (على اهمية اللحظة الواحدة وتشظيها الى الاف اللحظات)[2]

وهذا النوع قد يكون مصدره ثورة ما، او محاولة تخلص لاشعورية عما يجول في خاطر الشاعر وكيانه، من مشاعر واحاسيس تبرز بهذه الطريقة ويمكن ان نعرض لبعض الامثلة التي نبين من خلالها مدى قدرة الشاعر التوظيفية لهذا النوع منها قوله[3]:

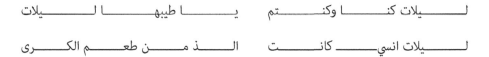

لـــــــيلات كنـــــــا وكنـــــــتم   يـــــــا طيبهـــــــا لـــــــيلات

لـــــــيلات انسيـــــــ كانـــــــت   الـــــــذ مـــــــن طعـــــــم الكـــــــرى

تتنامى وظيفة التكرار في تاكيد المكرر، عبر تواتره بنموذجين (تكرار البداية- الصدارة). وهذه العلائق التتابعية الايقاعية في تساوقها، تحقق الدلالة عبر الزمن الماضي. فمفردة الليل (ليلات) تدل على انقضاء وقت مضى مقداره نهارا كاملا، واقترانها بالفعل الماضي (كان) (كنا- وكنتم ما كانت)، عمق من دلالة الزمن الماضي، اما فيما يخص الوقع الموسيقي، فان تكرار المفردة ثلاث مرات لم يجعل من الايقاع عبئا ثقيلا على القارئ، بل جعله مقبولا، وهذا راجع الى قصر المسافة الزمنية بين تكرار

---

(١) الحركة الشعرية في فلسطين المحتلة / ٣٣٨.

(٢) البنى الايقاعية في مجموعة محمود درويش (حصار لمدائح البحر)- بسام قطوس- مجلة ابحاث اليرموك- اربد- الاردن- مج- ٩- ع- ١-١٩٩١/٦٤.

(٣) كتاب التراث الشعري- ديوان الكان وكان /٧٥.

واخر، والتي عملت بدورها على جعل المفردات اكثر تجديدا وانسجاما مع متطلبات الدلالات الايحائية التي تتطلبها الصورة في البيت.

وقوله[1]

متـــــــى يجينــــــــي مبشر ـــــــــــ   مـــــــــن عنــــــــدكم بقـــــــدومكم

متـــــــى يقـــــــول المبشر ـــــــــــ   اليــــــــوم يـــــــوم الملتقـــــــــى

متـــــــى يقولـــــوا قـــــد اجـــــوا   اخـــــــرج بسرــــــــــعة للقــــــــا

هذه الابيات هي من قصيدة قالها ابن الجوزي في منفاه، وهي تصب في اشواقه لاهله واصحابه، وتحمل مكابدات البعد عنهم. حتى ان حس المتلقي لا يخطئ في تلمس الايحاءات من تكرار هذه الاصوات. وهي ايحاءات مصدرها ثورة الاحاسيس التي تدور في ذات الشاعر تتمثل في الحسرة والالم. هذه الابيات التي توالت في القصيدة بفاصل من الاشباع السمعي، جاءت متناسبة بمستوياتها الثلاثة (الدلالي- الصوتي- التركيبي). فمفردتا (متى- المبشر) حملتا دلالة نفسية شعورية بملامح من الحنين والاشتياق. فالشاعر يتامل وصول هذا المبشر كي يكسر له طوق البعد، ويقرب اللقاء عن طريق تكثيف التركيز على الزمن بلازمة (متى)، اما الصوتي فانه تمركز حول تكرار مفردة (متى) في استهلال الابيات، والتركيبي متمثل بطرح الصيغة نفسها من حيث مجيء الفعل المضارع بعد (متى). وبالتحام اواصر هذه المستويات تكتمل صورة الابداع والتميز الفني.

وهناك نماذج مماثلة لهذه التي ذكرتها لها ملامحها ودلالاتها الخاصة نذكر منها قوله[2]:

(١) كتاب التراث الشعبي- ديوان الكان وكان /٧٥-٧١.
(٢) الذيل على طبقات الحنابلة - ٤٢٤/١.

الا هــل الى شــم الخزامــي وعرعــر وشــيخ بــوادي الاثــل ارض تســيرها
الا ايهــا الركــب العراقــي بلغــوا رســالة محــزون حــواه ســطورها
الا ايــن ايــام الوصــال التــي خلــت وحيــث خلــت خلــت وجــا مريرهــا

وقوله[1]:

مــا للصــبا مولعــة بــذي الصــبا او مــن صــبا فــوق الغــرام القاتــل
مــا للــهوى العــذري في ديارنــا ايــن العــذيب مــن قصــور بابــل

وقوله[2]:

مــــا ان ان تتعطــــف عــــلى قتيــــل هــــواك ؟
مــا شــاك قلبــي شــوكه الا وجـــــدتك حشـــــوها
مــا ســامني في المحبــة ســوم العبيــد ســواك

ج-التكرار الاشتقاقي:

في هذا النوع تتجذر مجموعة من الصيغ تحمل ملامح الملفوظ الاصلي نفسها، نتيجة انبثاقها من جذر المفردة نفسه، وان سمتها الدلالية لا تتغير تبعا للتجانس الصوتي بين المكررات. لان التجانس حينما ينطق به، يفضي الى لون من (الانسجام، فضلا عن تقابل المعنى وما يصحبه من التبادر حين السماع، فيجعل القارئ او السامع يعيش في

(١) الديل على طبقات الحنابله - ٤٢٣/١.
(٢) كتاب التراث الشعبي- ديوان الكان وكان /٧٧.

صورة البيت دون عناء في التفكير بروابط الالفاظ السياقية)[١] وهذا ما يؤكده ياكبسون ايضا بقوله: (ان تعادل الاصوات يتضمن تعادلا معنويا)[٢]

ان الوان المحسنات هذه على اختلاف انواعها، لها دور في طبيعة الصناعة الشعرية. وتحقق عند مجيئها في الشعر زيادة موسيقاه وعلى نحو جميل.وهذه الالوان تجتمع كلها باطار واحد،وهي العناية بحس الجرس الموسيقي ومدى وقع هذا الجرس في الاسماع في تحقيق غاياته[٣]لان تكرار الوقفات والنغمات الايقاعية عن طريق (الاشتقاق)، قد يثير (في النفس البهجة والارتياح اذا كانت شجية ويوثبها ويحفزها اذا كانت هذه النغمات قوية صارخة)[٤]

وهذا كله نابع من صميم تجربة الشاعر، ومدى توظيف تجاربه هذه وعرضها، عن طريق وضع الفاظه في صياغة فنية تخدم الصورة في بنائها العام. وهذا ما تؤكده اليزابيث درو بقولها: (كلما كان الشاعر اصيلا كانت الفاظه تنضح بالقيم فتتقطر من الفاظه الموسيقى والمعنى والذاكرة والبساطة والزخرفة والصورة والكناية واللون والضوء والقوة)[٥]

ويمكن بعد ذلك ان نعرض في هذا المضمار مجموعة من الامثلة من شعر ابن الجوزي منها قوله[٦]:

(١) لغة الشعر عند المعري / ٣٠.
(٢) نقلا عن- في سيمياء الشعر القديم /٣٥-و- بنية اللغة الشعرية /٨٩.
(٣) موسيقى الشعر /٤٥ -و- لغة الشعر عند المعري /٣٠-و- بناء القصيدة العربية /٢٥٩
(٤) لغة الشعر العراقي المعاصر /١٨١-و- جرس الالفاظ /٢٧٤.
(٥) الشعر كيف نفهمه ونتذوقه /١٤.
(٦) الذيل على طبقات الحنابلة- ٢٤٦/١.

وسابقت اهل العلم حتى سبقتهم فذو السبق منهم حين سعيك في وهن

يدور هذا البيت على عقد موازنة تفضيلية، ترجح كفة الخليفة على غيره. فالخليفة هنا قد سبق أهل العلم برجاحته ودهائه، وهذا المعنى أفرزته مفردة (سابقت). ولكن ورود مفردة (سبقتهم) جاء تأكيدا لحصول السبق وانتهائه، وإذا ما حاول أحدهم قلب المعادلة، فان محاولته ستبقى حلما حسب. وهذا يعززه الشطر الثاني. وعملت المفردات المشتقة هذه على تكثيف الدلالة المؤطرة بالملمح الكنائي وتعميقها، وساعدت الإيقاع على تقديم تناغماته الموسيقية، وهذا التكرار ليس طارئا على الصورة من الخارج، بل هو من نسج الصورة نفسها.

وقوله[1]:

هذي تحن وما بها وجدي واحن من وجد إلى نجد

دموعها تحيا الرياض بها ودموع عيني حرقت خدي

يتلاحم في هذين البيتين عنصران بارزان (دلالي – صوتي) يكملان بناء الصورة بجوانبها المختلفة، وجعلها فعالة في رسم أبعادها تحت جناح التكرار. فالجانبان الدلالي والصوتي مرسومان هنا بقسمات غير خافية على كل ذي بصيرة. ويمكن ان نلمس الدلالة من واقع التأزم النفسي الذي يشعر به الشاعر، فلوحة الوجد قد اتخذت من الصراع النفسي- المكبوت مدخلا لعرض فكرة الموازنة بين الشاعر وتلك المرأة. فالوجد الذي يشعر به الشاعر اكبر من ذلك الذي تشعر به المرأة، وهذا بين في شطري البيت الثاني. فدموع الوجد للمرأة تحيا بها الأرض، على العكس من دموعه فهي تحرق خده. وهذا هو الذي يعمق الدلالة ويكثف الصورة ويحملها بعدا فنيا له وقعه الحزين، هذه

(١) مراة الزمان – ٨ / ق ١/ ١٢١ .

الدلالة تحققت بدورها بفضل الجناسات التي انتثرت فوق أديم البيت الأول خاصة، حتى قدمت هذه الصورة بنوع من التميز. فالتجانس (الاشتقاق) الحاصل بين (تحن، واحن، وجدي، وجد)، قد خلق إيقاعا بانسيابية هادئة، والذي ساعد على ذلك أيضا التراكم الصوتي للحروف، فقد تواترت في البيت الأول الذي يمثل بؤرة الدلالة والإيقاع، أربعة اصوات لها خصائصها الصوتية وهي (ن - ح - د - ج) وهي اصوات رنتها في السمع عذبة وجميلة، لما تحمله من تنغيم وغنة وتداخل الحروف فيما بينها مع وقع الجناسات، ساعد الايقاع على تكوين موسيقاه بشكل لافت للسمع. ويمكن عن طريق هذا الرسم ان نهتدي الى قيمة هذه التكرار.

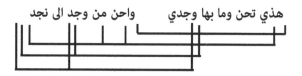

هذي تحن وما بها وجدي   واحن من وجد الى نجد

هذا الرسم المتداخل كالاسلاك الشائكة جراء التكرار الداخلي للحروف، جاء متوازنا مع القافية في اثارة انتباه المتلقي، وهذا ما يؤكده محمد رضا مبارك بقوله: (ان انسجام بعض الحروف وتكرارها داخل النص الشعري، يثير انتباه المتلقي واهتمامه. لان هذا الاستخدام لا يحدث معزولا عن عناصره الاخرى كما يحدث في النثر، انما ياتي مكملا بعناصر الشعرية في القصيدة مثل الوزن)[(١)]

هذان العنصران (الدلالي - الصوتي) بانصهارهما في بودقة التكرار الاشتقاقي، قد جعلا بؤرة الصوت بشقيها، تعزز ملامح الابداع والتميز الفني الجمالي.

وهناك نماذج عدة تدخل تحت هذا المضمار نذكر منها قوله[(٢)]:

(١) اللغة الشعرية – محمد رضا مبارك / ١٠٠.

(٢) الذيل على طبقات الحنابلة – ٤٢٥/١ .

ايــن المحـــب الحبيـــب بعـــدا وانـــذرا مـــن بعـــد بالبعـــاد

وقوله[1]:

لهفـــي عـــلى طيـــب ليـــال خلـــت عـــودي تعـــودي مـــدنفا قـــد نعـــي

وقوله[2]:

يـــا كثـــير العفـــو عمـــن كـــثر الـــذنب لديـــه

وقوله[3]:

في شـــغل مـــن الرقـــاد شـــاغل مـــن هاجـــه الـــبرق بســـفح عاقـــل

وقوله[4]:

ســـتنقلك المنايـــا عـــن ديـــارك ويبـــدلك الـــردى دارا بـــدارك

وختاما لا مناص من القول، بان هذا المؤشر الاسلوبي الذي بينا اهميته على نحو مبسط، يؤدي بنا الى حقيقة كون هذا التكرار (يتحقق فيه المستوى الصوتي والمستوى الدلالي على صعيد واحد)[5] فالصوتي يتشكل بفضل الصيغة الاشتقاقية والدلالي يتحقق من اتفاق الصيغة الاشتقاقي أي ان الصيغة مختلفة (صوتي)، والدلالة واحدة (دلالي).

---

(١) الذيل على الروضتين / ٢٤ .
(٢) مراة الزمان - ٨/ ق ٥٠٢/٢ .
(٣) الذيل على الروضتين / ٢٤ .
(٤) الذيل على طبقات الحنابلة - ٤٠٩/١ - ٤١٠ .
(٥) البلاغة والاسلوبية / ٢٢٥ .

فضلا عن ذلك فان التجانس الصوتي المتشكل بفضل الصيغة الاشتقاقية (مختلفة الشكل - متفقة المعنى) يفضي- بامكانات اللغة الشعرية صوتيا، بافراز الدلالات ومدى اثارها النفسية في النص الشعري[1]

د. التكرار التصديري:

تكمن في الخطاب الشعري ملامح وسمات فنية تنقل الخطاب نقلة هادئة الى سماء التميز. ونحن بوصفنا باحثين اسلوبيين، تستوقنا هذه الملامح كي نبرز سماتها الدلالية والصوتية، ومكانتها ضمن الصياغة الشعرية، ومن هذه الملامح التي استوقفتنا في خطاب ابن الجوزي (التصدير). ويقصد به (ان يرد اعجاز الكلام على صدوره فيدل بعضه على بعض، ويسهل استخراج قوافي الشعر اذا كان كذلك، وتقتضيها الصنعة ويكسب البيت الذي يكون فيه ابهة ويكسوه رونقا وديباجة ويزيده مائية وطلاوة)[2]

والتصدير هو احد فنون البديع الذي يمتلك خاصية بناء الاسلوب الفني للخطاب، ويجعل موسيقاه الداخلية غنية مستحبة وموحية في الوقت نفسه. لان اللفظة اذا ما تكررت في حشو البيت وجاءت موافقة للقافية العامة، فانها تحمل جرسا ايقاعيا (تجعل من البيت اشبه بفاصلة موسيقية متعددة النغم مختلفة الالوان، يستمتع بها من له دراية بهذا الفن ويرى فيها المهارة والمقدرة الفنية)[3]

وهي بذلك تثري الايقاع الداخلي الذي (يعتبر من اهم المنبهات المثيرة للانفعالات الخاصة المناسبة، كما ان له ايحاء نفسيا خاصا لدى مخيلة المتلقي والمتكلم على

(١) البحث الدلالي عند ابن سينا - في ضوء علم اللغة الحديث (اللسانيات) - ماجستير/٢٠٦.
(٢) العمدة - ١/١.
(٣) موسيقى الشعر / ٤٥ .

السواء)[1] ومن جانب اخر يعد حضور التصدير في البيت نوعا في زيادة المعنى وتاكيده لا موسيقية حسب.

هذا النوع الذي نحن بصدده كثر استعماله في شعر الشعراء العباسيين، وابن الجوزي احدهم كما يذكر شوقي ضيف: (وتوهجت الايقاعات في موسيقى الشعر العباسي اذ كثرت فيها التقطيعات الصوتية الداخلية في الابيات، كما كثرت القافية الداخلية التي تسبق القافية الخارجية مباشرة، ابتغاء ان يتردد في البيت ايقاعان متحدان او اكثر وحتى يكون عبيرها الموسيقي اكثر نفوذا)[2]

ونظرا للاهمية التي يتمتع بها هذا النوع، فان دراستنا له تتضمن الوقوف على ثلاثة اشكال، وردت على نحو لافت للنظر في شعر ابن الجوزي وهي كالاتي:

١.في بداية البيت ونهايته:

يتمثل التصدير هنا بورود لفظة في استهلال البيت هي نفسها تعاد في القافية، مع تغير يكون من نوع الاشتقاق. وهو بهذا يضم ملمحين بارزين من موسيقى المقاطع وهو (التذييل والتصدير) معا. وقد ياتي هذا الشكل وغيره مطاوعا للمعاني التي يريدها الشاعر، لان (القافية سواء اكانت في بداية البيت او نهايته يمكن ان تفيد كوصلة معنوية كرابطة دلالية)[3]

ويمكن عرض مجموعة من الامثلة على ذلك منها قوله[4]:

شـقينا بـالنوى زمنا فلـما تلاقينـا كانـا مـا شـقينا

(١) الاسس النفسية لاساليب البلاغة العربية / ٤١ .
(٢) فصول في الشعر ونقده / ٣٨ .
(٣) نظرية الادب - رينيه ويليك / ٢٥٠ .
(٤) مراة الزمان - ٨ / ق ٤٥٩/٢ .

وقوله[(١)]:

هيهـــــــــات ان تتكـــــــــرر   مـــــــن بعـــــــدها هيهـــــــات

وقوله[(٢)]:

لـــــــيلات كنـــــــا وكنـــــــتم   يـــــــا طيبهـــــــا لـــــــيلات

ان التناسب الحاصل بين اللفظتين الوارد تواترها في الاستهلال والقافية، لم يأت لخدمة المؤشر الدلالي، وانما لتحقيق الدلالة الصوتية كذلك. فدلالة الشقاء جراء البعد عسيرة في البداية ولكنها معدومة في النهاية، بوساطة التلاقي الذي محا هذا الشقاء. والتوكيد اللغوي عبر لازمة النفي بـ (ما) اكمل صورة الدلالة. الا ان جرس اللفظة (شقينا) لشدة وقعه الموسيقي الحاد، قد غطى على دلالة لفظه، لما فيه من ايحاء موسيقي يوحي للقارئ بمعنى يفوق المعنى الذي يبرزه اللفظ وان مجيء تكرارها في القافية، ليس الا تعميقا وتكثيفا صوتيا موسيقيا، غرضه نسج ايقاع داخلي في البيت. وهذا الكلام ينسحب على البيتين الاخرين.

وقوله[(٣)]:

وعـــــيرني الواشـــــون اني احبهـــــا   وتلـــــك شـــــكاة ظـــــاهر عنـــــك عارهـــــا

نجد هنا ان التصميم والتوكيد النغمي جاء هذه المرة عن طريق الاشتقاق للفظة، وباكتناه الجوانب الخفية التي الزمت الشاعر على طرح البيت بشكله هذا، نلمس ان البيت فيه من سخرية ناقدة كرسها الشاعر ضد معارضيه، لكونهم اتهموه بحب الحنابلة

(١) كتاب التراث الشعبي - ديوان الكان وكان / ٧٦ .
(٢) نفسه / ٧٥ .
(٣) الذيل على طبقات الحنابلة - ١/٤٠٤ .

والتعصب لهم. حتى جاء رده بهذه الثورة الانفعالية الموسيقية، لان المشاعر والاحاسيس المستوطنة في كوامن الشاعر، تتناسق وتتموسق مع الايقاع، لما لها من صلة بنغمات البيت، وذلك وارد عن طريق الصياغة. لان (كل لفظة تحمل في طبيعة صياغتها نغما تعبيريا يميزها عن غيرها في الاستحسان والقبول، وان أي تغير في هذا النغم يفقد اللفظة قيمتها)[١]

وما التكرار هنا الا للتكثيف الدلالي، وذلك بالتاكيد على عارهم حسب، والبروز الصوتي للتقارب بين اللفظتين عمل على تدعيم هذه الدلالة.

وقوله[٢]:

زمنا كـــانوا وكنـــا جــيرة   يـــا اعـــاد اللـــه ذاك الزمنـــا

وقوله[٣]:

يعـــاد حـــديثكم فيزيـــد حســـنا   وقـــد يستحســـن الشيـــء المعـــاد

٢.في نهاية الصدر والعجز:

يتماثل في هذا الشكل صوتان يحكمان ايقاع البيت ويقويانه، بسبب قرب المسافة بينهما نسبيا، وتحتشد فيه المعاني المكتنزة لدى الشاعر بالدلالة الصوتية، ويخرج عندها البيت حاملا السمة الفنية التي تميزه من غيره من الابيات.

ويمكن ان نمثل ذلك بابيات قالها (ابن الجوزي) منها قوله[٤]:

---

(١) جرس الالفاظ / ١٧١ .

(٢) المنتظم - ٨٢/١٠.

(٣) مراة الجنان -٤٩١/٣ .

(٤) الذيل على طبقات الحنابلة - ٤٢٤/١ .

اذا جـــزت بـــــالفور يمينـــــا فقـــد اخـــذ الشـــوق منـــا يمينـــا

ان تقلص المسافة الزمنية بين اللفظتين والوارد تكرارها في حيز البيت، خلق تناسبا ايقاعيا، رغم اختلاف اللفظتين في دلالتهما، فالاولى (يمينا) تعني الاتجاه، اما الثانية فانها تعني الحلفان (القسم) ... وهذه الطواعية الموسيقية كشفت عن غلبت الجانب الصوتي على الدلالي في البيت ...

وقوله(١):

ولمـــا رايـــت ديـــار الصـــفا اقـــوت مـــن اخـــوان اهـــل الصـــفاء

وهذا البيت كسابقه يمثل التصدير التام.

اما فيما يخص التصدير الناقص نمثل قوله(٢):

ســـتنقلك المنايـــا عـــن ديـــارك ويبـــدلك الـــردى دارا بـــدارك

تلتحم في البيت اواصر عنصرين بارزين احدهما صوتي متمثل بتكرار مفردات (ديـارك - دارا - دارك) عبر قناة الاشتقاق وتحت سقف التصدير، والاخر دلالي متولد تحت جناح المؤشر الاستعاري، متمثل بكون المنايا تنقل وهي معنوية والنقل مادي وكذلك الردى فانها تبدل ... وقد ساعدت الخطوط المتداخلة المتحفزة من التكرار، على تعميق درجة الايقاع ودعمت المؤشر الاستعاري ...

وقوله(٣):

ايـــن المحـــب الحبيـــب بعـــدا وانـــذرا مـــن بعـــد بالبعـــاد

(١) نفسه - ١ / ٤٢٣ .
(٢) الذيل على طبقات الحنابلة - ١ / ٤٠٩ .
(٣) نفسه - ١ / ٤٢٥ .

ان العواطف الجياشة المتاججة والمكبوتة بقلب الشاعر، جراء حنينه الى ديـاره، اصبحت مستبانة في البيـت، والـذي ساعد على هذا الظهور التكثيف الموسيقي الصوتي، عبر مجيء مفردة البعد ثـلاث مـرات. وهـي مفـردة تحمـل معـاني الالم والفراق والوجد والحزن ... فالتماثل الصوتي قابله تماثل دلالي تحت اطار التصدير. وساعد على تاسيس الايقـاع بشـكله هـذا ...

٣.في الحشو والنهاية:

يقترن هذا الشكل بوجود تماثل صوتي محدد في الصدر واكتماله بالقافية، وهـو كسـابقيه يلجـأ اليـه الشـاعر لغـرض التكثيف الصوتي، خدمة للايقاع والتعميق الدلالي. ويمكن ان نلمس مجموعة من الامثلة في شعر (ابـن الجـوزي) تمثـل هـذا الشكل. منها قوله[١]:

تجـــري بي الامـــــال في حلباتـــــه   طلـــق الســـعيد جـــرى مـــدى مـــا امـــلا

ان نظرة تامل وتفرس في هذا المنحى الاستعاري، يقودنا إلى القول، بان تناوب ورود اللفظتين في الحشو والقافيـة مـع اختلاف كل منهما، لم يأت من فراغ، وانما هو منطلق من حس شعوري، غرضه دفع الصورة الاسـتعارية نحـو نصـاب الفنيـة، والتصدير قد حقق هذا التميز وانشأ ايقاعا، الا ان خطوات هذا الايقاع تسير بتباطؤ ثقيل، بسبب مجيء حرف الالـف عـدة مرات، ولاسيما في لفظتي (الامال - حلباته) في الحشو و (املا) في العجز ... الا ان مجيئه هو محاولة تنفيس لاشعورية عما يدور في ذات الشاعر، ولاسيما في الف الاطلاق في لفظة (املا). وقوله[٢]:

---

(١) الجامع المختصر - ٩ / ٦٧ .

(١٢)لبداية والنهاية - ١٣ / ٢٠ .

لا تعطـــش الــــروض الـــذي بنيتـــه　　　بصـــوب انعامـــك قـــد روضـــا

وقوله[(١)]:

يـــرون العجيـــب كـــلام الغريـــب　　　وقـــول القريـــب فـــلا يعجـــب

وقوله[(٢)]:

كـــان الحمـــى يجمعنـــا　　　فـــديت ايـــام الحمـــى

وقوله[(٣)]:

مـــا مـــثلهم يحســـدني　　　ولا هـــم امثـــالي

وبعد ذلك نجد انموذجا واحدا كثف فيه (ابن الجوزي) هذا الاسلوب، لمجيئه في ثلاثة ابيات متتالية وهو قوله[(٤)]:

اذا جـــزت بـــالفور عـــرج يمينـــا　　　فقـــد اخـــذ الشـــوق منـــا يمينـــا

وســـلم عـــلي بانـــة الـــواديين　　　فـــان ســـمعت اوشـــكت ان تبينـــا

ومـــل نحـــو غصـــن بـــارض النقـــى　　　ومـــا يشـــبه الايـــك تلـــك الغصـــونا

تدور ابيات القصيدة هذه في فلك الهيام والبعد الذي يعانيهما الشاعر، وهذا واضح من خلال المنحى او الشكل الذي اتخذته هذه الابيات، وهو امر الذات (انت) بتحقيق ما لا يستطيع تحقيقه في الوصول الى اهله واحبابه ... هذه الصورة المعروضة تعمقت وحدتها الدلالية، عن طريق التوظيف التصديري بشكليه (نهاية الصدر،

---

(١) وفيات الاعيان ٢/ ٣٢١ ٣٢٢ .
(٢) كتاب التراث الشعبي - ديوان الكان وكان / ٧٥ .
(٣) مرآة الزمان - ٨ / ق ١ / ٤٤٠ .
(٤) الذيل على طبقات الحنابلة - ١ / ٤٢٤ .

القافية) و (الحشو، القافية) ... وبعد قراءة تاملية. نجد ان وحدة ايقاعية متزنة رسمت ملامحها في هذه الابيات، وهذه الوحدة منبثقة من الجرس الموسيقي للالفاظ، فضلا عن التوزيع المنسق للتصدير، والذي جاء من اجل لفت انتباه المتلقي للوقوف على مغزى هذه الابيات واستبيان خصائصها.

هـ-التكرار اللفظي:

ان الغرض من تواتر المكرر، هو تاكيده وبيان قيمته ضمن نطاق السياق الذي ورد فيه. ويحقق هذا النوع بعدا ايقاعيا، اذا ما تناسبت وجاءت المفردات المكررة باعثة للحيوية ومغنية في الدلالات (لان الايقاع يتحقق بالتكرار مهما كان عدد مرات هذا التكرار)[١] وهذا ما يؤكدة عبد الفتاح صالح: (ان التكرار في تفاعيل الشعر لا يبعث الملل او الفتور في النفس، بل هو طبيعي يرتبط بها ارتباطا وثيقا)[٢]

ويمكن ان نضع ايدينا على بعض النماذج التي تدخل في اطار هذا النوع. منها[٣]:

الا ايـن ايـام الوصـال التـي خلـت   وحـين خلـت خلـت وجـاء مريرهـا

تمثل مفردة (خلت) بؤرة الانطلاق الدلالي وعصب الحياة الرئيس التي يتشكل منها الوقع الايقاعي في البيت، وهي مؤطرة بملمح كنائي ناجم عن توجع الشاعر عند ذكره ايامه التي مضت. وذلك قوله: (وجاء مريرها) - فمجيء مفردة (خلت) في صياغة منسقة، ومتلاحمة لتفجير الابداعات الفنية، ليس الا تاكيدا الح عليه الشاعر للفت انتباه المتلقي، كي يعيش الحالة نفسها التي يعانيها، وهي معاناة البعد عن دياره

(١) ظاهرة الايقاع في الخطاب الشعري - د.محمد فتوح احمد - مجلة السان - الكويت - ع - ٢٨٨ - مارس - آذار - ١٩٩٠ / ٥٨ .
(٢) [illegible] الموسيقى / [illegible] - و - جرس الالفاظ / ٤١ .
(٣) الذيل على طبقات الحنابلة - ١ / ٤٢٤ .

واهله. لذا فان هذا التكرار كثف التركيز على الدلالة تارة، واعطى حركة موسيقة هادئة للبيت تارة اخرى. مبتعدا بذلك عن دائرة الملل والفتور التي تميت الصورة.

ومنها[1]:

حـــي كثيـــب الرمـــل رمـــل الحمـــى   وقـــــف وســـــلم لي عـــــلى لعلـــــع

و[2]:

يـــانفس كـــم اتلـــو حـــديث المنـــى   ضـــاع زمــــاني بـــــالمنى فـــــاقطعي

و[3]:

متـــــى يقـــــول المبشرـــــــ   اليـــــوم يــــــوم الملتقـــــــــى

و[4]:

مـــا للصـــبا مولعـــة بـــذي الصـــبا   او مـــن صـــبا فـــوق الغـــرام القاتـــل

(١) الذيل على الروضتين / ٢٤ .
(٢) نفسه / ٢٤ .
(٣) كتاب التراث الشعبي - ديوان الكان وكان / ٧١ .
(٤) الذيل على طبقات الحنابلة - ١ / ٤٢٣ .

المبحث الثاني

الإيقاع الخارجي

١.الـــــــوزن:-

يعد الوزن من العناصر الجوهرية المهمة التي لا تنفصل عن العناصر الاخرى في بنيان القصيدة الشعرية. ولكنه يتميز عنها من حيث انه يحد من تبعثر القصيدة، بسبب انسجام المفردات فيما بينها بشكل مخصوص، معتمدا على التناسب الصوتي المتوافق من حيث الزمن المتولد من ترديد التفاعيل الشعرية (الاسباب والاوتاد والفواصل) وما ينشا عنها من موسيقى خاصة في القصيدة. فهو يضيف (الى كل تلك التوقعات التي يتالف منها الايقاع، نمطا او نسقا حينا، بحيث ان لكل ضربة من ضربات الوزن تثير وتبعث فينا موجة من التوقع، وذلك لكوننا قد تحقق فينا نمط معين او تنسقنا على نحو خاص)[1]

وعلى الرغم من تعدد اوزان الشعر العربي، فان الشاعر لا يلتزم ويختار ما يناسبه من الاوزان التي تتلاءم مع مقاصده واغراضه، لعدم وجود صلة (بين الاغراض الشعرية والاوزان في الشعر العربي. وكل ما يقال عن هذه الصلة ان هو الا اجتهاد خاطئ)[2] وانما يكون التنوع في الاستخدام تبعا للحالة الانفعالية والتوتر النفسي الذي يشعر بهما الشاعر. فكلما كان التوتر هادئا ومتزنا اختار لمنظومته بحورا طويلة، والعكس خلاف ذلك. لذا فهو المسؤول عن طريق انفعاله باعطاء (الوزن المعين نغمته

(١) مبادئ النقد الادبي – ريتشاردز – ترجمة – د. مصطفى بدوي – د. لويس عوض – مطبعة مصر – القاهرة /١٩٤-١٩٥.
(٢) موسيقى الشعر – هل لها صلة بموضوعات الشعر واغراضه ؟ - احمد نصيف الجنابي – الاقلام – ج ٤ – السنة الاولى ١٩٦٤م/ ١٢٩.

الحزينة او الراقصة، وهو الذي يخلع مشاعره الخاصة على الوزن، ويحاول ايجاد التوافق بين حركة نفسه والحركة الخارجية للقصيدة)[١]

وبما انه (الوزن) يمثل الهيكل الخارجي للايقاع في القصيدة، فلا يمكن الاستغناء عنه بوصفه شيئا زائدا، وانما نابع من صميمها اولا، وكونه احد عناصر التجربة الشعرية في اللغة التي لا ينفصل فيها المعنى عن الدلالة ثانيا. فهو (وسيلة تعين الشاعر على استجلاء حسه الفني وتدفعه لتنبل بواسطته افكاره)[٢]، بل انه وسيلة اضافية تملكها اللغة كي تستخرج ما تعجز دلالة الالفاظ في نفسها والتركيب عن استخراجه من النفس البشرية، كاللون العاطفي للفكرة او المعاني التي تعجز الالفاظ عن التعبير عنها، بينما يستطيع النغم المتولد من الوزن هذا التعبير[٣]

لان الوزن في واقع العملية الشعرية يقوم على تنظيم الخصائص الصوتية للغة. بحيث لا يمكن للالفاظ ان تستغني عنها، وذلك بسبب توكيد الكلمة ودعم فاعليتها وجعلها مثيرة لانتباه المتلقي وتحريك عواطفه ومشاعره[٤] لذا فانه يختص بالشعر الذي يميل الى العواطف الجياشة الزائدة، حيث (يتناول اقوى العواطف واكبرها حدة واكثرها اهتزازا، والاهتزاز هو السمة الاولى للعاطفة والوزن معا)[٥]

---

(١) الشعر بين الرؤيا والتشكيل / ١١٥ - و- مبادئ النقد الادبي / ١٩٢ -و- الشعر العربي المعاصر - قضاياه وظواهره الفنية والمعنوية / ٥٤.

(٢) الشعر والنغم / ٩٠.

(٣) الادب وفنونه / ٢٩ -و- مفهوم الشعر / ٧٧.

(٤) تطور الشعر العربي الحديث في العراق / ١١١ -و- نظرية الادب - رينيه ويليك / ١٦٥ .

(٥) بناء القصيدة العربية / ٢٠٩ -و- الحركة الشعرية في فلسطين المحتلة / ١٨٣ -و- مبادئ النقد الادبي / ١٨٣.

هذه الاهمية والاساس المتين للوزن في رحاب القصيدة، يشكل لنا معيارا نستطيع ان نصف (وفقه مجموعـة مـن الكلمات الشعرية بالمقبولية او بعدمها في صيغة شعرية مختارة)[1]

وفي ضوء هذا التوضيح المبسط، سندخل في مضمار هذا المنحى، ونؤسس دراستنا فيه على وفـق تقسـيمه علـى ثلاثـة اقسام:-

أ.جانب شكلي (احصائي)

ب.جانب دلالي.

ج.التدوير.

أ.جانب شكلي (احصائي):-

ان عملية الاحصاء هنا لا يعتمد عليها في شعر ابن الجوزي كلـه، وذلك لعـدم مقدرتنا علـى جمعـه كـما ذكرنـا في المقدمة، وانما يكون الاحصاء محصورا في نطاق ما هو متوافر لدينا، وهي احدى عشرة قصيدة. جاء الحد الادنى فيها في تسعة ابيات والحد الاعلى في اربعة عشر بيتا، سوى قصيدة من الكان وكان وصلت ابياتها الى سـتة واربعـين بيتـا. ووصل مجمـوع ابياتها اجمالا الى مئة واحدى وخمسين بيتا، واحدى وثلاثون مقطوعـة، وصلت ابياتها الى مئـة وسـتة وعشرـين بيتـا، وقـد تراوحت ابيات المقطوعة بين اربعة الى سـتة ابيات في اغلبها. فضلا عن الابيات المتفرقة في البيت والبيتين التي وصلت ابياتهـا الى تسعة واربعين بيتا، لتكون الحصيلة النهاية من الابيات التي جمعتها ثلاثمئة وسـتة وعشرـين بيتـا، وفي ضوء هـذا الكـم يكون الاحصاء.

---

(١) الافكار والاسلوب / ٥٦ .

بعد دراستنا لنمط تواتر البحور لديه وجدنا ان البحر الطويل شكل اعلى نسبة في شعره، يليه البسيط ثم الكامل، بينما مثل المجتث ادنى نسبة لمجيئه في مقطوعة واحدة حسب من المواليا وهي[1]:

مـــــــالي ومــــــالي تغــــــــيرت احــــــــوالي
لقيـــــت مـــــالا يكيـــــف ولا يـــــــدور بـبـــــــالي
يابيـــــت عبــــــدالقادر كنـــــتم نتيجـــــي في القضـــــا
مـــــا مــــثلهم يحســـــدني ولا هـــــــم امثــــــالي

بينما جاءت البحور الخمسة الاخرى في شعره متقاربة النسب تقريبا. ويمكن بيان ذلك في الجدول الاتي:

البحور التامة	عددها
الطويل	١٣
البسيط	١٠
الكامل	٨
الوافر	٧
الرجز	٦
المتقارب	٤
السريع	٤
الرمل	٢
المجتث	١
المجموع	٥٥

(١) مراة الزمان - ٨/ق ٢/ ٤٤٠.

اما فيما يخص مجزوءات البحور، فان شاعرنا لم يستخدم ذلك الا في حدود ضيقة على النحو الاتي:-

١.مجزوء الرمل - تواتر مرتين- في ثمانية ابيات.

٢.مجزوء الرجز- مرة واحدة - في سبعة ابيات.

٣.مجزوء الكامل- مرة واحدة - في اربعة ابيات.

ليصبح مجموع ذلك كله خمسة وخمسين بحرا تاما، واربعة بحور مجزوءة. أي تسعة وخمسون بحرا اجمالا.

ب.الجانب الدلالي:

إذا نظرنا نظرة متمعنة في التنظير الاحصائي المذكور انفا، فاننا نجد ان سياقات البحور الـواردة عـدا المجتـث، مكونـة من تفعيلات طويلة منها ثلاثية وردت في خمسة بحور (الكامل- الـوافر- الرجـز- السـريـع- الرمـل) ورباعيـة وردت في ثلاثـة بحور (الطويل- البسيط- المتقارب). إذ تشير هذه السياقات الطويلة الى قدرتها على التحميل الدلالي لمدياتها الواسـعة، التـي تفتحها امام قريحة الشاعر وتشعباتها التوظيفية الوصفية. وهذا ما لمسناه في سياقات البحور الفخمة عند ابن الجوزي حيث انها تتلائم مع المنظور الدلالي تبعا للانفعال المتزن عنده. فقـد وردت البحـور الطويلـة (الطويـل- البسـيط- المتقـارب) مـع انفعالات الشاعر الهادئة التي تسمح له بعرض فكرته بارتياح شامل وذلك في موضوعات (المدح- الوصف- الفخر)، امـا فيـما يخص البحور الاقل منها (ثلاثية التفاعيل)، فانها وردت في موضوعات (اللوم- الهجاء- استعطاف الحبيـب- الاعتـذار) بسـبب الانفعالات المتوترة جراء الموقف.

ويمكن ان نلمس ذلك بايراد قصيدة مدحية من البحر الطويل، نبين فيها مدى توافق مجيء البحر مع الدلالة وهي في مدح القاضي ابو يعلي. وهي[1]

تهن بشهر قد اتاك على يمن	يبشر بالاقبال والسعد والامن
وعش سالما من كل منية حاسد	ومن شر ذي شر ومن كيد ذي ضغن
تدبرت بالفكر السليم عواقب	الامور ولم تقبل على مثمر الغبن
وسابقت اهل العلم حتى سبقتهم	فذو السبق منهم حين سعيك في وهن
وكلهم في الدين اضحوا كهيئة	واصبحت في الاسلام كالشرط والركن
وكم ليلة ناموا وبت مؤانسا	علوما ابت من لم يبت ساهر الجفن
إذا انت جادلت الخصوم تجدلوا	لديك بلا ضرب يقد ولا طعن
وان فهمت بالتدريس نظمت لؤلؤا	وان تسطر الفتوى فكالدر في القطن
فبيتك معروف وعلمك ظاهر	وفضلك مشهور فما حصل المثنى
عليك سوى تشريفة بمديحكم	والا فعلم الناس فيكم بكم يفني

وتقطيعها العروضي هو:

فعول- مفاعيلن- فعول- مفاعيلن- فعول مفاعيلن فعولن مفاعيلن

فعولن مفاعيلن فعول مفاعلن- فعولن مفاعيلن فعولن مفاعيلن

فعولن مفاعيلن فعول مفاعلن- فعول مفاعيلن فعولن مفاعيلن

فعولن مفاعيلن فعولن مفاعلن- فعولن مفاعيلن فعولن مفاعيلن

(١) الذيل على طبقات الحنابلة - ١/ ٢٤٦.

فعــو مفـــاعيلن فعــولن مفـــاعلن-   فعــولن مفاعيلن فعــول مفاعيلن

فعــولن مفاعيلن فعــول مفـــاعلن-   فعــولن مفاعيلن فعــول مفاعيلن

فعــولن مفـــاعيلن فعــول مفــاعلن-   فعــول مفــاعيلن فعــو مفــاعيلن

فعــولن مفاعيلن فعــولن مفــاعلن-   فعــولن مفــاعيلن فعــولن مفــاعيلن

فعــول مفـــاعيلن فعــول مفــاعلن-   فعــول مفــاعيلن فعــول مفــاعيلن

فعــول مفاعيلن فعــول مفــاعلن-   فعــولن مفاعيلن فعــولن مفاعيلن

قبل ان نشخص ملاءمة الوزن مع الدلالة: نشير الى كون البحر الطويل بتشكيلاته التفعيلية الاربعة. قد حصل فيـه زحاف. فقد شكل زحاف القبض طغيانا واضحا في تفاعيل البحر، وبواقع ثماني عشرة مرة في تفعيلـة (فعــولن- فعــول)، وتسـع مرات في تفعيلة (مفاعيلن- مفاعلن). الا ان ذلك الاختلال والنقص لا يجدي نفعا امام التفعيلات السليمة الطاغيـة، التي ترجع الى رغبة الشاعر في توظيفها كي تستوعب افكاره التي يريد طرحها، ولا سيما في القافية منها.

وتكمن جدلية ارتباط (الوزن بالدلالة)، في كون تفعيلات البحر الطويل تلاءمت مع انفعالات الشاعر الهادئة والمتزنة. حيث ان الشاعر في غرض كالمدح تكون انفعالاته مستقرة تساعده على اسباغ اوصافه لممدوحه بشكل مكثف ومطول، ونعته باحسن النعوت وهذا كله يتطلب بحرا قادرا على استيعاب هذه الاوصاف كي تكتمل دائرة التميز.

فهنا الشاعر (ابن الجوزي) يمدح القاضي ابا يعلي من حيث (عمله وكرمه ورجحان عقله   ...). وهو امر تطلب بحرا قادرا على احتواء ذلك كله، فكان الطويل بتفعيلاته الطويلة جديرا بالاستيعاب. وهذا ما يؤكده محمد الكنوني بقوله: (ان

الاستعمال الجيد للوزن من قبل الشاعر يجعل اللغة الشعرية اكثر احكاما، فينجز وظيفته الاساسية التي تتمثل في تنظيم عناصر اللغة وتكثيفها)[١] دلاليا.

د - التدويـــــر:-

استنادا الى رؤية محمد الكنوني في كون الوزن (يضطلع بوظيفة التنظيم الجمالي داخل القصيدة)[٢] فاننا نلمس سمة ليست بالطاغية كثيرا، ولكنها تواترت في عدة مواضع. وهي تتسم باحالة البيت الى مقطع واحد مغلق تتداخل فيه التفاعيل، أي اندماج تفاعيل الصدر بالعجز وتشكيل مقطع شعري واحد. وهذا راجع الى التنظيم الجمالي للوزن. ويمكن عرض ثلاثة امثلة فقط من هذه السمة منها[٣]:

يـــا ســـاكن الـــدنيا تاهـــب   وانتظـــــر يـــــوم الفــــــراق

واعــــــذر الى دار الرحيـــــــل   فســـــوف يحـــــدي بالرفـــــاق

وابـــك الـــذنوب بـــا دمـــع   تنهـــل مـــن ســـحب المـــاق

يـــا مـــن اضـــاع زمانـــه   ارضـــيت مـــا يفنـــى ببـــاق .

ومنها[٤]:

يـــا كثـــير العفـــو عمـــن   ثـــــر الـــــذنب لديـــــه

جـــاءك المـــذنب يرجـــو   الصّـــفح عـــن جـــرم يديـــه

---

(١) اللغة الشعرية دراسة في شعر حميد سعيد /٢٢ و مبادئ النقد الادبي /١٩٦، شعر محمود حسن اسماعيل [illegible] دراسة اسلوبية - ماجستير / ٧١.

(٢) نفسه /٣٣.

(٣) مراة الزمان- ٨/ق١/٤٨١.

(٤) نفسه- ٨/ق٢/٥٠٢.

انـــــا ضـــــيف وجـــــزاء الضّـــــيف احســـــان اليـــــه.

ومنها[1]:

ان كنــت حــرا حمــي الانــف فــاعتزل الانـــام طـــرا ولا تـــركن الى كنـــف

فاعتزل ال- انام....(البسيط)

٢-القافية:-

تشكل القافية في الشعر العربي القديم، لازمة من لوازم الايقاع الشعري الخارجي، التي تاتي على وتيرة واحدة من بداية القصيدة حتى نهايتها، لتتم بها (وحدة القصيدة وتحقق الملاءمة بين اواخر ابياتها)[2]**و هي تعتمد في اساسها على الحروف والحركات التي تختم اللفظة الواقعة في نهاية البيت، والحرف الاخير الذي تسمى القصيدة في ضوئه فيقال مثلا (سينية مضمومة- دالية مكسورة) هو الروي، وخصوصيته تكمن في كونه يمثل ثابتا ايقاعيا موسيقيا يربط اجزاء القصيدة بنهايات موسيقية خاصة، لها وقعها وحضورها عند المتلقين حيث تجعلهم (لا يستمعون الى شعر فحسب، بل يستمعون الى موسيقى)**[3]

وتجدر اهميتها في كون الوزن على الرغم ممّا يبعثه من ترنمات صوتية تثير في النفس وقعا ملموسا، يكون اقل شانا من القافية التي تنمي هذه الموسيقى وتضيف (بموسيقاها قوة ومفعولا لا تتوافر عن طريق الوزن وحده)[4] **فضلا عن انها تعطي**

---

(١) مقامات ابن الجوزي /١٥٨.

(٢) اصول النقد الادبي /٣٢٥.

(٣) في النقد الادبي – شوقي ضيف /١٠٢.

(٤) عضوية الموسيقى /٧٤.

للوزن نفسه ترنمات خاصة كي تحافظ على الوحدة الموسيقية فيها، مما يدل على رجحان كفة القافية على الوزن في الايقاع الخارجي، ويكون اختيارها في القصيدة: (ابعد منالا من اختيار بحرها بنسبة ما يربو عدد القوافي على عدد البحور، والمرجع في ذلك الى سلامة الذوق وغزارة المادة)[١]

والى جانب الوظيفة الجمالية المتحققة بالتواتر اللفظي في نهاية البيت كما اشرنا[٢]، هناك وظيفة دلالية فنية تكمن في كونها (القافية)، وعاء تصب في المعاني والعواطف. فهي تؤدي دورا مهما في تاكيد المعنى إذا جاءت منسجمة مع السياق بوصفها النهاية البارزة للوزن[٣] حيث ان تناسبهما يفضي الى المشاكلة بين المبنى والمعنى. لانها إذا اكتفت بدورها ضابطا موسيقيا مجردا في نهايات الابيات دون حضورها الدلالي، فانها لا تستطيع ان ترتقي الى مرتبة التميز في القصيدة، وانما يتحجم دورها وتفقد جزءا مهما من حيويتها وقوة ادائها الفعلي. ولكنها تتجاوز ذلك باشتراكها فعليا في (التشكيل الدلالي كي تحتفظ بموقعها وتكتسب رصانة خارج اطار امكانية استبدالها، بما يمكن ان يقابلها صوتيا، ويحافظ فقط على الاتساق العام للقصيدة)[٤]

---

(١) اصول النقد الادبي /٣٢٦.
(٢) لمزيد من التفاصيل عن هذه الوظيفة- ينظر- نظرية الادب- رينيه ويليك /٢٠٨- و- الحركة الشعرية في فلسطين المحتلة /١٧٩-١٨٠.
(٣) نقد الشعر /١١٥-و- مفهوم الشعر /٤٠٨-و- اللغة الشعرية- دراسة في شعر حميد سعيد /٨٤-و- سايكولوجية الشعر ومقالات اخرى /٣٤.
(٤) موسيقى القصيدة العربية المعاصرة (الحرة)- دراسة في الظواهر الفنية لجيلي الرواد وما بعد الرواد- دكتوراه /١٤.

هذا التوافق الناجز بين الوظيفتين يجدر بالشاعر المبدع ان ياتي به عفو الخاطر، وان يبتعد عن التصنع* في اختياره، أي عدم الاتيان بالقافية على اساس الفكرة والعكس ايضا لان ذلك سيخرجها عن (سياق الشعر بل هي تحطم لغة القصيدة وتناسبها وايحاءاتها الجمالية)(١)

ولا مناص اخيرا في ضوء ما تقدم الاعتراف باهمية القافية ضمن القصيدة والدخول في مفاصلها عبر سياقات ابن الجوزي الشعرية.

وتاتي دراستنا فيها كالاتي:-

أ-جانب شكلي (احصائي) في

١-القافية المقيدة.

٢-القافية المطلقة (الحركات الاعرابية + الروي).

٣-الروي الطاغي.

ب-الجانب الدلالي.

ج-السمتان البارزتان.

* ان التصنع في انتقاء القافية يبعد الشاعر عن العيوب التي تتسم بها القافية ، مثل الاقواء والايطاء ، والعكس خلاف ذلك . وخير مثال على ذلك وقوع شعراء كبار في منزلق هذه العيوب ، مما يدل على كون قوافيهم مسترسلة عفوية غير مصطنعة ، ولو كان غير ذلك (لتجنب الشعراء عيوبها التي لم يستطع بعضهم تجنبها حتى في مرحلة التهذيب) / بناء القصيدة العربية /٢٤٢.

(١) اللغة الشعرية- محمد رضا مبارك /١٧٩.

أ-الجانب الشكلي (الاحصائي):-

١-القافية المقيدة:

وردت هذه القافية المسكنة الروي في اثنى عشر انموذجا، اغلبها جاءت في المقطوعة بتواتر (سبع مرات)، وفي قصيدتين طويلتين، وثلاثة نماذج مؤلفة من بيتين. وبلغ عدد ابياتها سبعة وسبعين بيتا بنسبة ٢٢% من المجموع العام. وجاءت هذه القافية على ثلاثة اشكال وهي كالاتي(١):

ر- في خمس مرات = الزمن- قتل- وكتفا- لا يستقى- ذلي

ف- ر- في ثلاث مترات = الفراق- الميقات- نقصان

ت- د- ر- في اربع مرات = القيامة- ديارك- انساكم- احوالي .

وقد وردت هذه القافية في البحور الاتية: جاء الرمل ثلاث مرات و الطويل مرتين- وبقية البحور وردت مرة واحدة وهي (المتقارب- الوافر- البسيط- الرجز- المجتث).

٢-القافية المطلقة:

وردت هذه القافية في سبعة واربعين انموذجا وفي مختلفها (قصيدة- مقطوعة- ابيات متفرقة). وبلغ عدد ابياتها مئتين وتسعة واربعين بيتا أي بنسبة ٧٨%. ويمكن دراستها من حيث حركتها الاعرابية ورويها. ويمكن توضيحها تسلسلا من الاكثر الى الاقل وهي كالاتي:-

أ-الكسرة:- شكلت القافية المكسورة نسبة تواتر عالية من حيث عددها اولا، وطول نفسها الشعري من حيث عدد ابياتها اجمالا ثانيا. فقد وردت في

(١) الرموز التي اشرت اليها والتي ساشير اليها هي (ر- الروي- ف- الردف- ت- التاسيس- د- الدخيل- و- الوصل- خ- الخروج).

النصوص اثنتين وعشرين مرة، وابياتها وصلت الى مئة واحدى واربعين بيتا، اما فيما يخص الروي الـذي جـاءت فيـه فالغالب تسلسلا هو (ت- ل- ن- د- ع- ق- ر- ب).

ب-الضمة:- وردت هذه القافية ست عشرة مرة، وابياتها وصلت الى اربعـة وسبعين، والروي الغالـب فيهـا تسلسلا هو (ر- ب- م- ل...).

ج-الفتحة:- جاءت نسبة ورودها ضئيلة، وصلت الى تسع مرات وابياتها اربعة وثلاثون، والروي الغالب فيها تسلسلا هو (ن- ع- ض- ل- ر...).

٣-الروي الطاغي:-

ان نسبة ورود حرف الروي في القافية عامة متقاربة جدا فيما بينها، الا ان الغلبة تعلن لحرف (ب) يليه (ر) ثم (د) و (م) و (ي) و(ن). وتتابعا نزولا الى اقلها. الا ان مظهر الروي يختلف في القافية. فبعد تفحصنا النصوص، وجـدنا ان حرف الروي الذي ياتي في نهاية القافية غالبا على السياق الشعري حيث ورد في اثنتين واربعين انموذجا، بينما ورد الروي الذي لا ياتي في نهاية القافية في سبعة عشر نموذجا وهي كالاتي:

ر-و-خ- = ٦

ر-أ = ٦

ر-و = ٥

ب- الجانب الدلالي:-

كما ذكرنا في التمهيد عن القافية، انها تكون مجدية إذا ناسب شكلها الصوتي- الدلالي بطريقة عفوية، مـن غـير تصـنع عند الشاعر. واستنادا الى قول ياكبسون من ان

(القافية تستلزم بالضرورة علاقة دلالية بين الوحدات التي تـربط بينهـا)[1] وجـدنا ان قـوافي الشـاعر (ابـن الجـوزي) مرتبطة بالفكرة (الجانب الدلالي) غير منفصلة عنها. ويمكن بيان ذلك بمثالين منها[2]:

مات الكرام وولوا وانقضوا ومضوا - ومات من بعدهم تلك الكرامـات   وخلفـوني في قـوم ذوي سـفه - لـو ابصرـوا طيف ضيف في الكرى ماتوا .

جاءت القافية في هذين البيتين متلائمة مع الدلالة العامة وهـي (مـوت الخـير وانقضـائه)، أي ان التماثـل الصـوتي في القافية لم ينبع من فضاء فارغ، وانما استند الى دال موح ومكون له وللدلالـة في الوقـت نفسـه وهـو (مـات). فجملـة (مـات الكرام) في مستهل البيت تعد المفتاح الدلالي والمكون الصوتي للقافية. حيث الدلالة عبر الدال هي الموت، والنتيجة النهائية في القافية عبر الدال هي الموت. وبامتشاج الصوت بالدلالة تكتمل الصورة الشعرية في رسم أبعادها الجمالية.

موت الكرام - ماتت الكرامات

↓

ماتوا

ومنها[3]:

شـــقينا بـــالنوى زمنـــا فلـــما   تلاقينـــا كانـــا مـــا شـــقينا

ســـخطنا عنـــدما جنـــت الليـــالي   فـــما زالـــت بنـــا حتـــى رضـــينا

(١) قضايا الشعرية / ٤٦.

(٢) مقامات ابن الجوزي /١٠.

(٣) مراة الزمان- ٨/ق٢/٤٥٩-٤٦٠.

سـعدنا بالوصـال وكـم سـقينا بكاسـات الصـدود وكـم فنينـا

فمـن لم يحـى بعـد المـوت يومـا فانـا بعـدما متنـا حيينـا

يمتشج في هذا المقطع العنصر الدلالي بالصوتي (القافية)، عبر نسق الثنائيات الضدية، من حيث ان الدال في القافية ينافي الدال في مستهل البيت. فالدال المفتتح شقينا يضاد ما شقينا و (سخطنا) الذي يدل على الضجر والملل قابله الرضا والقبول في (رضينا). والسعادة في الوصال قابلها الفناء بموت السعادة، والموت قابله الحياة في البيت الاخير. أي ان التعاكس الضدي بين الدوال في البداية والنهاية، جاء تاسيسا للدلالة اولا، وللقافية ثانيا. فالشقاء المتولد من الغربة والبعد عن الاهل، قد انتفى مفعوله بوصالهم، وهذا ما يؤول عنه من رضا ودخول حياة جديدة بعد تلك الحياة الميتة. ويمكن ان نلمس ذلك في خلاصة الحالة النهاية في القافية (حيينا). فضلا عن هذا التضاد الذي امتشج به التماثل (الدلالي بالصوتي)، نلمس ان القافية نفسها تنبئ بوجود تقابل دلالي بشكل متقاطع (١-٣-٢-٤). حيث ان دلالة الشقاء قاموسيا تنذر بالمأساة والمعاناة وضيق الحال والنفس، مما يولد احتباسا نفسيا يؤدي بالمرء الى الفناء (شقينا - فنينا). ودلالة الرضا الدالة على الفرح والبهجة تؤدي الى الحياة السعيدة (رضينا - حيينا)، مما يفضي بنا الى القول. إنّ القافية هنا متجذرة من العمق الدلالي ومستندة اليه.حيث يكمل احدهما الاخر في رسم تقنيات الصورة الشعرية.

ج-السمتان البارزتان:-

وردت في النصوص الشعرية التي بين ايدينا سمتان بارزتان قد لا تشكلان ظاهرة اسلوبية يمكن دراستها في حدود الشعر المتوافر لدينا، الا اننا نرتأي تسجيلها هنا علها تكون ظاهرة في شعره عامة يفيد منها الدارس الذي ياتي بعدنا في دراستها وهما:-

الاولى (الايطاء):- وهي تتسم في اعادة ذكر اللفظة نفسها التي انتهت بها القافية مرة اخرى، وذلك اما لغرض دلالي خاص يرتايه الشاعر كالتكثيف اللفظي مثلا، او قد تكون وردت عفوا، او بحسب الوقع الموسيقي. ويمكن عرض هذه النماذج وهي[1]:

ان كـــان لي ذنـــب فقـــد اجنيتـــه   فاســـتانف العفـــو وهـــب لي الرضـــا
قـــد كنـــت ارجـــوك لنيـــل المنـــى   فـــاليوم لا اطلـــب الا الرضـــا

ومنها[2]:

اهـــوى عليـــا وايمـــاني محبتـــه   كـــم مشـــرك دمـــه مـــن ســـيفه وكفـــا
ان كنـــت ويحـــك لم تســـمع فضـــائله   فاســـمع مناقبـــه مـــن هـــل اتى وكفـــا

ومنها[3]:

وابـــك فـــما في العـــين مـــن فضـــلة   ونـــب فـــدتك الـــنفس عـــن مـــدمعي
إذا تـــذكرت زمانـــا مضـــى   فـــويح اجفـــاني مـــن مـــدمعي

ومنها[4]:

الى متـــى يـــا حبيبـــي   هـــذا الجفـــا مـــا ينقضـــي ؟
مـــا ان ان تتعطـــف   عـــلى قتيـــل هـــواك
مـــا شـــاك قلبـــي شـــوكه   الا وجـــدتك حشـــوها

---

(١) البداية والنهاية ١٣/ ١٧.
(٢) تذكرة الخواص - نقلا عن - اخبار الظراف والمتماجنين / ٤٣.
(٣) الذيل على الروضتين / ٢٤ .
(٤) كتاب التراث الشعبي - ديوان الكان وكان / ٧٧ .

يا اعز من نور عيني   ما في الفؤاد سواك
هم يتهموني بغيرك   لا عاش غيرك ولا بقى
لو كان في القلب غيرك   ما كنت انا اهواك
والله وتالله وبالله   وان ردت زايد حلفت لك
ما سامني في المحبة   سوم العبيد سواك

ومنها[1]:

والحمد لله عاد جسمي   بعد السقام الى السلامة
وقمت من علة اقامت   على افاتها القيامة
وها انا سالما ولكن   من لي من الموت بالسلامة

الثانية: وهي تتسم بالخروج غير المتوقع على القافية المتواترة، بالتعريج على قافية اخرى، او المعاودة اليها بعد حشوها بما يغايرها. منها[2]:

وكفى بالعيش الرطيب بعدما   حط المشيب رجله في شعري
سواد راس ثم سواد ناظر   فانه مذ زال اقذى بصري
مما كان اضوا ذلك الليل على   سواد عطفية ولما يقمر
عمر الفتى شبابه وانما   اذنه الشيب انقضاء العمر

فالقافية اليائية استبدلت باخرى رائية.

---

(١) مقامات ابن الجوزي / ٢٠٥ .
(٢) نفسه / ١١٢ .

ومنها[1]:

مـــــــالي ومـــــــالي ومـــــــالي تغـــــــيرت احـــــــوالي
لقيـــــــت مـــــــا لا يكيـــــــف ولا يـــــــدور في بـــــــالي
يـــــــا بيـــــــت عبـــــــد القـــــــادر كنـــــــتم نتيجـــــــي في القضـــــــا
مـــــــا مـــــــثلهم يحســـــــدني ولا هـــــــم امثـــــــالي
هـــــــم هـــــــم هـــــــم نفسي وضـــــــيقوا في حبسي
ومزقـــــــوا كتـــــــب درسي عمـــــــدا وهـــــــم راس مـــــــالي
ليـــــــت الـــــــف عنـــــــدي بـــــــاتوا يبكـــــــون مـــــــما
جـــــــرى ثلاثمائـــــــة منصـــــــف مـــــــالا كهـــــــا الغـــــــزالي
لـــــــو ان يســـــــلم يرفـــــــع الى الامـــــــام لوقـــــــع
مـــــــن حـــــــين مـــــــا كـــــــان يســـــــمع بقصـــــــتي قـــــــد رثـــــــا لي

فهنا الخروج على القافية جاء في لفظة (القضا - مما - لوقع)، التي خرقت نسق القافية اليائية، وكذلك لفظة (حبسي) التي لم ترد متلائمة مع اخواتها لالغاء حرف

(1) مراة الزمان - ٨ / ق ٤٤٠/٢ .

التاسيس (الالف) منها. فضلا عن الحرف الدخيل (ل) رغم كونه لا يضر، لانه يتبدل بين التاسيس والروي.

وقبل ان نغلق ملف القافية ونطوي صفحة هذا المستوى، لا يسعنا الا ان نقدم قصيدة مكونة من عشرة ابيات تعد خير مثال يحوي اشكال هذا المستوى في اغلبه، وذلك بشكل احصائي حسب وهي[1]:

ان كـان في الصـيف ريحـان وفاكهـة فـالارض مسـتوقد والجـو تنـور
وان يكـن في الخريـف النخـل مخترقـا فـالارض محسـورة والجـو مأسـور
وان يكـن في الشـتاء الغيـث متصـلا فـالارض عريانـة والجـو مقـرور
مـا الـدهر الا الربيـع المستنير، إذا جـاء الربيـع اتـاك النـور والنـور
فـالارض ياقوتـة والجـو لؤلـؤة والنبـت فـيروزة والمـاء بلـور
تظـل تنـثر فيـه السـحب لؤلؤهـا فـالارض ضـاحكة والطـير مسرـور
حيـث النفـت فقمـريّ وفاختـه تغنيـان وشـفتين وشـحرور
إذا الهـزاران فيـه صـوتا فهـما لحسـن صـوتهما عـود وطنبـور
تطيـب فيـه الصـحارى للمقـيم بهـا كـما تطيـب لـه في غيرهـا الـدور
مـن شـم ريـح تحيـات الربيـع يقـل لا المسـك مسـك ولا الكـافور كـافور

١.الجرس اللفظي (مستوقد – محسورة - المستنير- بلور- تغنيان- الهزاران – صوتا).

٢.التوازي الترصيعي في

فالارض ياقوتة والجو لؤلؤة والنبت فـيروزة والماء بـلـور

(١) مقامات ابن الجوزي / ١٩٦.

٣.التوازي العروضي كثير مثل

فالارض مستوقد والجو تنور

فالارض محسورة والجو ماسور

فالارض عريانة والجو مقرور

فالارض ضاحكة والطير مسرور

٤.تكرار حرف - يشكل حرف الراء الدالة على الاستمرارية نسبة تواتر عاليـة، حيـث ورد خمسـا وثلاثين مـرة، يليـه (الياء) في عشرين مرة، و (الفاء) في تسع عشرة مرة، وشكل حرف (الراء) اكثر تواترا في البيت.

ما الدهر الا الربيع المستنير، إذا - جاء الربيع اتاك النور والنور

٥.تكرار البداية في

إن كان في الصيف ريحان

وان يكن في الخريف النخيل

وان يكن في الشتاء الغيث

ما الدهر الا الربيع المستنير

فضلا عن تكرار البداية (ان كان)، توجد هندسة صوتية بتكرار المتخالفـات تسلسـلا وهـي (الصـيف - الخريـف - الشتاء - الربيع)، مما يدل على قدرة الشاعر التنظيمية.

٦.التكرار الاشتقاقي في

إذا الهزاران فيه صوتا فهما - لحسن صوتهما عود وطنبور

٧.التكرار اللفظي: وهو هنا كثير. يمكن ذكره من الاكثر نسبة الى الاقل.

الارض - خمس مرات

الجو - اربع مرات

الربيع - ثلاث مرات

الكافور - مرتين

المسك - مرتين

النور - مرتين

تطيب - مرتين

وتاسيسا على هذا الاستبيان للاشكال الداخلية. نلمس ان المفردات على الرغم من بساطتها التي لا تحيلها الى التميز، قد تحولت بفضل التنظيم الهندسي الصوتي والمعنوي الى اداة فعالة مميزة. إذ جعلت من (اللغة الاعتيادية لغة شعرية متوترة ومشحونة بكهيربات مستفزة وغير مرئية، لها القدرة على التاثير على المخيلة والسمع والاعصاب بطريقة مذهلة)[١]

٨.البحر: تنتمي هذه القصيدة الى البحر البسيط الذي يتميز بتفعيلاته الرباعية التي تستطيع احتواء الاوصاف الكثيرة حول الموضوع. إذ ان انفعالات الشاعر الهادئة مكنته من اختيار هذا البحر، قياسا على هذا الوصف الطبيعي اولا، والهندسة الموسيقية الداخلية ثانيا.

٩.القافية:- لم ترد القافية هنا الا متلاحمة مع العنصر الدلالي، ودليل ذلك ان القافية (اللفظة الاخيرة) عائدة الى ما قبلها غير منفصلة عنها مثل (الجو - تنور - مأسور - مقرور) و (النور والنور) و (الكافور والكافور) و (عود وطنبور) و (الماء بلور) و(الطير مسرور). أي ان مجيئها جاء متناسبا مع الفكرة من

(١) الصوت الاخر / ٢٨٨ .

حيث ان تاثير اللفظ صوتا (لا يمكن فصله عن تاثيراته الاخرى التي تتم في نفس الوقت، فجميع هذه التاثيرات ممتزجة معا بحيث لا يمكن فصل احدها عن الاخر)[1] اولا، ومتناسبة مع اشكال القصيدة الداخلية التي سبق ذكرها ثانيا. فالاشكال ممهدة والقافية مقررة.

واخيرا وفي مجمل هذا الفصل، تجدر الاشارة الى كون (الايقاع الشعري ليس شيئا عرضيا او زينة خارجية يمكن طرحها بسهولة)[2] وانما هو ملتصق بتجاويف الخطاب الشعري، ومتفاعل معه لخلق السمة الاستطيقية فيه.

(١) مبادى النقد الادبي / ١٩١ .

(٢) الصوت الاخر / ٢٨٧ .

الخـــــــاتمة

بعد مداومتي النظر في طيات المصادر والمراجع بحثا عن الحقيقة وسعيا وراء كشف النتائج، شارفت والحمد لله على نهاية المطاف في بحثي المتواضع هذا، والذي كنت فيه بصحبة ابن الجوزي. وهي صحبة كانت غايتها دراسة خصائص وسمات شعره اسلوبيا، من اجل معرفة مراسه وقدرة تفوقه اللغوي. وقد تمخضت الرحلة عن مجموعة من النتائج وهي على النحو الآتي:

١.جاءت حياة ابن الجوزي مليئة بالمبالغات والمغالطات التي تجاوزت حدود العقل والمنطق. وذلك اما لغلط النقل بوساطة النساخ، او لحب الناس اياه، او لدسائس معارضيه.

٢.امتلك ابن الجوزي حظوة بالغة الاثر في نفوس الاف الناس وقلوبهم، ومن مختلف فئات الشعب (فقراء – علماء- امراء ...) وتشهد له بذلك مجالسه التي كانوا يحضرونها من كل البقاع.

٣.ابدع ابن الجوزي في انتقاء اللفظة المفردة ذات البعد الايحائي المتكون من امتشاج الدال بالمدلول، وتوظيفها في سياقات ضمن نطاق الجملة والعبارة، ليتخطى بها حدودها الضيقة (المعجمية)، ويتسع بها الى حدود الدلالة النصية، لتحقيق مرامي الصورة الفنية التي تثير خيال القارئ وذهنه.

٤.امتلك التوظيف المجازي في شعره، سمة الجمع بين المتناقضات المتنافرة، التي لا تربط بينهما صلة في حدود صيغة واحدة، والتي تحيل الى اللامقبول في البنية السطحية، وتتواشج في البنية العميقة.

٥.شكلت الاستعارة المكنية نسبة تواتر عالية، وذلك لرغبة الشاعر الى محاورة محيطه، وجعلـه يشـاركه معاناتـه، عـبر ثنائيات التجسيد والتشخيص المتجذرة في المكنية.

٦.جاءت دواله الماساوية بنوعيها المادي والمعنوي، خير معبر عن معاناته التي يعانيها جراء بعده عن اهله واصدقائه، وعن فلسفته الزهدية ورؤيته الخاصة بالحياة، أي انها مثلت مراة صادقة وعاكسة لبـواطن مشـاعره الداخليـة المليئة بالحزن والالم.

٧.جاءت السياقات الضمائرية المتكسرة الانساق، متناسبة مع التوظيف الدلالي. حيـث عضـد (الالتفـات) مـن وحـدة النص عضويا تارة، ولفت انتباه القارئ اليه لمعرفة مغزى توظيفه تارة اخرى. وتمثل هـذا التوظيـف في وصـف حالة ما، على العكس من (التجريد) الذي جاء منسجما مع فلسـفته الزهديـة، فهـو يسـقط مـا لا يحمـد عـلى الذات الافتراضية، لتبقى ذاته منزهة عن الخطيئة والغلط.

٨.وردت التراكيب الشعرية متواشجة مع المنظور الدلالي، وفقا لمتطلبـات وبواعـث التجربـة والحـدث، وذلـك لغـرض تادية الوظيفة الاسمى، وهي رسم ابعاد الصورة الفنية، وجعلها مثيرة للمتلقي.

٩.أستخدم اسلوب النداء بنوعيه العاقل وغير العاقل. لغرض زيادة احساس الاشياء المحيطة حوله جميعها، كي تشاركه احزانه ومعاناته.

١٠.خرجت اغلب نداءاته عن حيدة الطلب والتماس الحاجة من المنادى الى وصف حالة ما، او اسقاط اللوم والانكار عليه.

١١.اتصل سياق الامر في شعره بالوصل (الواو)، الذي خلـق بوجـوده المكثـف فاعليـة مسـتمرة، سـاعدت عـلى تقريـر الحالة ووصفها بشكل سردي.

١٢.خرج الاستفهام في شعره عن حيدة السياق الاخباري الطلبي بانتظار الاجابة من المقابل، الى توجيه المعاتبة واللـوم الى الحبيب الذي قطع وصله.

١٣.أثبتت الجمل الفعلية والاسمية ذات المحور الثابت، والمتمثلة كمسند اليه ثابت تدور عليه بقية الاسانيد، فاعليـة شعرية في نصوصه. حيث ان الاسانيد مثلت بتواترها تقريرية وصفية لحالة ما، عائدة الى المسند اليه الثابـت. وذلك لغرض شد ازر وحدة النص وتعضيده، وتكثيف الدلالة النصية وتعميقها فيه.

١٤.ارتبط السياق الشرطي في شعره بمعاناته جراء البعد من جهة، وبفلسفته الزهدية في الحياة من جهة اخرى.

١٥.تلاقح الانزياح التركيبي الاعتراضي مع الدلالة، وذلك لخـدمتها مـن حيـث تكثيـف المعنـى واكتماله. فضلا عـلى تخصيص الشيء بالشيء. وقد تواتر الاعتراض في اغلبه عن طريق شبه الجملة من الجار والمجرور.

١٦.جاء الايقاع الصوتي متلائما، بل وثيق الصلة بالصورة الشعرية لارتباطه مع العناصر الاخرى داخل حدود النص. فهو يعبر عن المشاعر والاحاسيس المكتنزة في نفسـه، عـن طريـق التنـاغم الحاصـل مـن الاصوات. مـما يـدل عـلى صميمية العلاقة بين الايقاع   والدلالة.

١٧.جاء انتقاؤه لمفردات بعينها، تتمتع بخاصية صوتية وجرس بارز، دلالة على وعيه الفني السـليم وحسـه الرهيـف. حيث جاء اختياره اكثر ايفاء مع

متطلبات الصورة وبواعثها، لما في صوت هذه المفردة او تلك من دلالة ايحائية موسيقية، تثير احساس المتلقي بتقبلها والتفاعل معها.

١٨. شكل اسلوب التوازي بنوعيه (الترصيعي – العروضي) الذي يركز على ايقاع الجمل والعبارات، بروزا موسيقيا، وانسجاما فعالا مع الدلالة في الوقت نفسه. وذلك بسبب الحافز العاطفي والوجداني الذي يشعر به الشاعر جراء موقف ما، فالتوازي يبرز بالفورة الانفعالية ويخمد بهدوءها.

١٩. ارتبط اسلوب التكرار لديه بانواعه الخمسة، ارتباطا وثيقا بالدلالة. فهو لم يات لخدمة الايقاع الموسيقي حسب، وانما جاء مطاوعا لمتطلبات الدلالة النصية، ليعملا معا في نسج الصورة ورسم ابعادها فنيا. وهذا نابع من حسه الشعوري ونفسه الشعري في عرض التجربة.

٢٠. جاءت ايقاعاته الموسيقية في مستواها الخارجي (الوزن-القافية)، منسجمة ايضا مع الدلالة. حيث كان البحر الطويل رفيق الشاعر في رحلته الشعرية، وخير معين له في استيعاب افكاره واوصافه الكثيرة في موضوع ما كالمدح مثلا.

المصادر والمراجع

المصـادر والمراجــع

أ.الكتب:

- القرآن الكريم.

- اخبار الظراف والتماجنين - عبد الرحمن بن محمد بن علي بن عبدالله ابن الجوزي - تقديم وتعليق - السيد محمد بحر العلوم - منشورات - المكتبة الحيدرية - مطبعة الغري الحديثة - النجف - ط ٢ / - ١٩٦٧.

- الادب وفنونه - د. محمد مندور - شركة مكتبة ومطبعة البابي الحلبي واولاده ٠ مصر محاضرات القاها سنة - ١٩٦١ الى ١٩٦٣.

- اساليب الطلب عند النحويين والبلاغيين - د. قيس اسماعيل الالوسي - وزارة التعليم العالي والبحث العلمي - جامعة بغداد - بيت الحكمة - ١٩٨٩.

- الاسس النفسية لاساليب البلاغة العربية - د. مجيد عبد الحميد ناجي - المؤسسة الجامعية للدراسات والنشر والتوزيع - بيروت - لبنان - ط١ / ١٩٨٤.

- اسلوبا النفي والاستفهام في العربية في منهج وصفي في التحليل اللغوي - د. خليل احمد عمايرة - جامعة اليرموك - د. ت.

- اسلوبية البناء الشعري - دراسة اسلوبية لشعر سامي مهدي - ارشد علي محمد - دار الشؤون الثقافية العامة - بغداد - ط١/ - ١٩٩٩.

- الاسلوبية مدخل نظري ودراسة تطبيقية - د. فتح الله احمد سليمان - الدار الفنية للنشر والتوزيع - ١٩٩٠.

- الاسلوبية والاسلوب - نحو بديل السني في نقد الادب - د. عبد السلام المسدي - الدار العربيه لكتاب - ليبيا - تونس - ط١ / ١٩٧٧.

- الاسلوبية ونظرية النص - دراسات وبحوث - د. ابراهيم خليل - المؤسسة العربية للتوزيع والنشر - بيروت - ط١ /١٩٩٧.

- الاصوات اللغوية - ابراهيم انيس - مكتبة الانجلو المصرية - القاهرة ط/٥ - ١٩٧٥.

- الاصول - دراسة ابيستيمولوجية للفكر اللغوي عند العرب - د. تمام حسان - دار الشؤون الثقافية العامة - بغداد - ١٩٨٨.

- اصول النقد الادبي - احمد الشايب - القاهرة - ١٩٤٦.

- اضاءة النص - اعتدال عثمان - دار الحداثة - بيروت - لبنان - ط١/١٩٨٨.

- الافكار والاسلوب دراسة في الفن الروائي ولغته - أ-ف-تشيتشرين - ترجمة الدكتورة - حياة شرارة - دار الحرية للطباعة - بغداد - ١٩٧٨.

- اقنعة النص - سعيد الغانمي - دار الشؤون الثقافية العامة - بغداد ط/١ - ١٩٩١.

- الالسنية (علم اللغة الحديث) المبادئ والاعلام - د. ميشال زكريا - المؤسسة الجامعية للدراسات والنشر والتوزيع - بيروت - لبنان - ط٢/ ١٩٨٣.

- انتاج الدلالة الادبية - د.صلاح فضل - مؤسسة مختار للنشر والتوزيع - القاهرة - ط١/ ١٩٨٧.

- البداية والنهاية - للامام الحافظ المفسر المؤرخ عماد الدين ابي الفداء اسماعيل ابن عمر بن كثير القرشي الدمشقي - مطبعة السعادة - مصر - د. ت.

- البلاغة والاسلوبية - د. محمد عبد المطلب - الهيئة المصرية العامة للكتاب - القاهرة - ١٩٨٤.

- البلاغة والتطبيق - د.احمد مطلوب و د. كامل حسن البصير - دار الكتب للطباعة والنشر - جامعة الموصل - ط/٢ - ١٩٩٩.

- بناء القصيدة العربية - يوسف حسين بكار - دار الثقافة - القاهرة - ١٩٧٩.

- بنية الخطاب الشعري - دراسة تشريحية لقصيدة اشجان يمنية - د. عبد الملك مرتاض - دار الحداثة - بيروت - لبنان - ط/١ - ١٩٨٦.

- بنية اللغة الشعرية - جان كوهين - ترجمة محمد الولي ومحمد العمري دار توبقال للنشر - الدار البيضاء - المغرب - ط/١ - ١٩٨٦.

- البنيوية وعلم الاشارة – ترنس هوكز – ترجمة – مجيد الماشطة – مراجعة – ناصر حلاوي – دار الشؤون الثقافية العامة – بغداد ط/١ – ١٩٨٦.

- البيان والتبيين – ابو عثمان الجاحظ – تحقيق – حسن السندوبي – المطبعة التجارية الكبرى بشارع عابدين حارة فايدة – مصر – ط/١ – ١٩٢٦.

- تذكرة الحفاظ- شمس الدين محمد الذهبي- دار أحياء التراث العربي- بيروت- لبنان - د. ت.

- التركيب اللغوي للأدب- د. لطفي عبد البديع- مطبعة السنة المحمدية- القاهرة- مصر- ط/١- ١٩٧٠.

- تشريح النص- مقاربات تشريحية لنصوص شعرية معاصرة- د. عبد الله محمد الغذامي- دار الطليعة للطباعة والنشر- بيروت- لبنان- ط/١- ١٩٨٧.

- تطور الشعر العربي الحديث في العراق - اتجاهات الرؤيا وجمالات النسج- علي عباس علوان- بغداد- ط/١- ١٩٧٥.

- الجامع المختصر في عنوان التواريخ وعيون السير- ابن الساعي- تحقيق- مصطفى جواد- المطبعة السريانية الكاثوليكية- بغداد- ١٩٣٤.

- جدلية الخفاء والتجلي- دراسات بنيوية في الشعر- كمال ابو ديب- دار العلم للملايين- بيروت- ط/١- ١٩٧٩.

- جرس الالفاظ ودلالتها في البحث البلاغي والنقدي عند العرب- د. ماهر مهدي هلال- دار الحرية للطباعة- بغداد- ١٩٨٠.

- الحركة الشعرية في فلسطين المحتلة- صالح خليل ابو اصبع- المؤسسة العربية للدراسات والنشر- بيروت- ١٩٧٩.

- خصائص الاسلوب في الشوقيات- محمد الهادي الطرابلسي- منشورات الجامعة التونسية- ١٩٨١.

- خصائص التراكيب- دراسة تحليلية لمسائل علم المعاني- د. محمد ابو موسى- مكتبة وهبة- القاهرة- ط/٢- ١٩٨٠.

- الخطيئة والتفكير من البنيوية الى التشريحية- قراءة نقدية لنموذج انساني معاصر- مقدمة نظرية ودراسة تطبيقية- د. عبد الله محمد الغذامي- النادي الادبي الثقافي- السعودية- ط/١- ١٩٨٥.

- دراسات الادب العربي- د. مصطفى ناصف- الدار القومية للطباعة والنشر- القاهرة- د. ت.

- دراسة الصوت اللغوي- د. احمد مختار عمر- عالم الكتب- القاهرة- ط/١- ١٩٧٦.

- دراسة في لغة الشعر رؤية نقدية- د. رجاء العيد- مطبعة اطلس- القاهرة- ١٩٧٧.

- درجة الصفر للكتابة- رولان بارت- ترجمة- محمد برادة- دار الطليعة للطباعة والنشر- بيروت- لبنان- ط/١- ١٩٨١.

- دلائل الاعجاز- عبد القاهر الجرجاني- علق حواشيه- السيد محمد رشيد رضا- دار المنار- مصر- ط/٣- ١٣٦٦هـ

- دليل الدراسات الأسلوبية- د. جو زيف ميشال شريم- المؤسسة الجامعية للدراسات والنشر والتوزيع- بيروت- لبنان- ط/١- ١٩٨٤.

- دور الكلمة في اللغة- ستيفن اولمان- ترجمة- د. كمال محمد بشر- مكتبة الشباب- القاهرة- ١٩٧٥.

- دير الملاك- دراسة نقدية للظواهر الفنية في الشعر العراقي المعاصر- د. محسن اطيمش- دار الشؤون الثقافية العامة- بغداد- ١٩٨٦.

- الذيل على الروضتين - ابي شامة المقدسي الدمشقي- دار الجيل- بيروت- ط/٢ - ١٩٧٤.

- الذيل على طبقات الحنابلة- ابن رجب- وقف على طبعه وصححه- محمد حامد الفقي- مطبعة السنة المحمدية- القاهرة- ١٩٥٢.

- رحلة ابن الجبير- ابن الحسين محمد بن احمد بن جبر الكناني الاندلسي البلنسي- ملتزم الطبع والنشر- عبد الحميد احمد حنفي- مصر- د.ت.

- سايكولوجية الشعر ومقالات اخرى- نازك الملائكة- دار الشؤون الثقافية العامة- بغداد- ١٩٩٣.

- السكون المتحرك- دراسة في البنية والاسلوب- تجربة الشعر المعاصر في البحرين نموذجا- د. علوي الهاشمي- منشورات اتحاد كتاب وادباء الامارات- ط/١- ١٩٩٢- الحركة والسكون- ط/١ ١٩٩٣.

- شذرات الذهب في أخبار من ذهب- ابن العماد الحنبلي- تحقيق- لجنة احياء التراث العربي- منشورات دار الافاق الجديدة- بيروت- د. ت.

- الشعر بين الرؤيا والتشكيل- عبد العزيز المقالح- دار العودة- بيروت- ط/١- ١٩٨١.

- الشعر بين نقاد ثلاثة- د. منح خوري- دار الثقافة- بيروت- لبنان- ط/١- ١٩٦٦.

- الشعر العربي في العراق من سقوط السلاجقة حتى سقوط بغداد- عبد الكريم توفيق العبود- دار الحرية للطباعة- بغداد- ١٩٧٦.

- الشعر العربي المعاصر- قضاياه وظواهره الفنية والمعنوية- عز الدين اسماعيل- دار العودة ودار الثقافة- بيروت- ط/٢- ١٩٧٢.

- الشعر كيف نفهمه ونتذوقه- اليزابيث درو- ترجمة- محمد ابراهيم الشوش- منشورات مكتبة منيمنة- بيروت- ١٩٦١.

- الشعر والنغم- دراسة في موسيقى الشعر- د. رجاء عيد- دار الثقافة- القاهرة- ١٩٧٥.

- شفرات النص- دراسة سيميولوجية في شعرية القص والقصيدة- د. صلاح فضل- دار الادب- القاهرة- ط/١- ١٩٩٩.

- الصوت الاخر- الجوهر الحواري للخطاب الادبي- فاضل ثامر- دار الشؤون الثقافية العامة- بغداد- ط/١- ١٩٩٢.

- عضوية الموسيقى في النص الشعري- د. عبد الفتاح صالح نافع- مكتبة المنار الزرقاء- الاردن- ط/١- ١٩٨٥.

- علم الدلالة- د. احمد مختار عمر- مكتبة دار العروبة للنشر والتوزيع- الكويت- ط/١- ١٩٧٥.

- علم النفس اللغوي- د. نوال محمد عطية- مكتبة انجلو المصرية- ط/١- ١٩٧٥.

- العمدة في محاسن الشعر وادابه ونقده- ابن رشيق القيرواني- تحقيق- محمد محي الدين عبد الحميد- مطبعة السعادة- مصر- ط/٢- ١٩٥٥.

- غاية النهاية في طبقات القراء- ابن الجوزي- تحقيق- ج- برجستراسر- مكتبة الخانجي- مصر- ١٩٣٢.

- فصول في الشعر ونقده- شوقي ضيف- دار المعارف- القاهرة- مصر- ١٩٧١.

- فضائل القدس- ابن الجوزي- تحقيق- د. جبرائيل سليمان جبور- منشورات دار الافاق الجديدة- بيروت- ١٩٧٩.

- الفن ومذاهبه في الشعر العربي- شوقي ضيف- دار المعارف- القاهرة- مصر- ط/٧- ١٩٨٧.

- في البنية الايقاعية للشعر العربي- د. كمال ابو ديب- دار الشؤون الثقافية العامة- بغداد- ط/٣- ١٩٨٧.

- في التحليل اللغوي- منهج وصفي تحليلي- د. خليل احمد عمايرة- مكتبة المنار- الزرقاء- الاردن- ط/١- ١٩٨٧.

- في حداثة النص الشعري- دراسات نقدية- د. علي جعفر العلاق- دار الشؤون الثقافية العامة- بغداد- ط/١- ١٩٩٠.

- في سيمياء الشعر القديم (دراسة نظرية تطبيقية)- محمد مفتاح- دار الثقافة- الدار البيضاء- المغرب- ط/١- ١٩٨٢.

- في معرفة النص- دراسات في النقد الادبي- د. حكمت صباغ الخطيب (يمني العيد)- مطبعة النجاح الجديدة- الدار البيضاء- ط/٢- ١٩٨٤.

- في النقد الادبي- شوقي ضيف- دار المعارف- مصر- ط/٢- ١٩٦٦.

- قراءة جديدة في مؤلفات ابن الجوزي- د. ناجية عبد الـلـه ابراهيم- مطبعة الديواني- بغداد- ط/١- ١٩٨٧.
- قضايا الشعر المعاصر- نازك الملائكة- مطبعة دار التضامن- بغداد- ط/٢- ١٩٦٥.
- قضايا الشعرية- رومان ياكبسون- ترجمة- محمد الولي ومبارك الحنون- دار توبقال للنشر- الدار البيضاء- المغرب- ط/١- ١٩٨٨.
- قواعد النقد الادبي- لاسل كرومبي- ترجمة- د. محمد عوض محمد- مطبعة لجنة التأليف والترجمة والنشر- ١٩٦٣.
- كتاب التراث الشعبي- ديوان الكان وكان في الشعر الشعبي العربي القديم- د. كمال مصطفى الشيبي- دار الشؤون الثقافية العامة- بغداد- ١٩٨٧.
- كتاب الصناعتين- الكتابة والشعر- ابو هلال الحسن بن عبد الـلـه بن سهل العسكري- تحقيق- علي محمد البجاوي- محمد ابو الفضل ابراهيم- دار احياء الكتب العربية- البابي الحلبي- القاهرة- ط/١- ١٩٥٢.
- لغة الشعر بين جيلين- د. ابراهيم السامرائي- دار الثقافة- بيروت- لبنان- د. ت.
- لغة الشعر العراقي المعاصر- عمران خضير حميد الكبيسي- وكالة المطبوعات- الكويت- ط/١- ١٩٨٢.
- لغة الشعر عند المعري- دراسة لغوية فنية في سقط الزند- د. زهير غازي زاهد- دار الشؤون الثقافية العامة- بغداد- ١٩٨٩.
- اللغة الشعرية- دراسة في شعر حميد سعيد- محمد كنوني- دار الشؤون الثقافية العامة- بغداد- ط/١- ١٩٩٧.
- اللغة الشعرية في الخطاب النقدي العربي- تلازم التراث والمعاصرة- محمد رضا مبارك- دار الشؤون الثقافية العامة- بغداد- ط/١- ١٩٩٣.
- اللغة في الادب الحديث الحداثة والتجريب- جاكوب كورك- ترجمة- ليون يوسف وعزيز عمانوئيل- دار المامون للترجمة والنشر- بغداد- ١٩٨٩.

- اللغة والابداع- مبادئ علم الاسلوب العربي- شكري محمد عياد- انترناشيونال برس- ط/١- ١٩٨٨.

- اللغة والخطاب الادبي (مقالات لغوية في الادب)- ادوارد سابير- واخرون- ترجمة- سعيد الغانمي- المركز الثقافي العربي- بيروت- ط/١- ١٩٩٣.

- اللغة والمعنى والسياق- جون لاينز- ترجمة- د. عباس صادق الوهاب- مراجعة- د. يوئيل عزيز- دار الشؤون الثقافية العامة- بغداد- ط/١- ١٩٨٧.

- ما البنيوية- جان ماري اوزياس- مطبعة سمير اميس- دمشق- ١٩٧٢.

- مباحث تاسيسية في اللسانيات- د. عبد السلام المسدي- مطبعة كوتيب- تونس- ١٩٩٧.

- مبادئ النقد الادبي- رتشاردز- ترجمة- د. مصطفى بدوي- د. لويس عوض- مطبعة مصر- القاهرة- د. ت.

- المثل السائر في ادب الكاتب والشاعر- ابي الفتح ضياء الدين نصر الله بن محمد ابن محمد بن عبد الكريم المعروف بابن الاثير- تحقيق- محمد محي الدين عبد الحميد- شركة مكتبة ومطبعة مصطفى البابي الحلبي واولاده- مصر- ١٩٣٩.

- المختصر المحتاج اليه من تاريخ الحافظ ابن ابي الدبيثي- الذهبي- تحقيق- مصطفى جواد- مطبعة الزمان- بغداد- د. ت.

- مدخل في اللسانيات- صالح الكشو- الدار العربية للكتاب- ١٩٨٥.

- مرآة الجنان وعبرة اليقظان في معرفة ما يعتبر من حوادث الزمان- ابو محمد عبد الله بن اسعد بن علي بن سليمان اليافعي اليمني المكي- منشورات- مؤسسة الاعلمي للمطبوعات- بيروت- لبنان- ط/٢- ١٩٧٠.

- مرآة الزمان في تاريخ الاعيان- العلامة شمس الدين ابي المظفر يوسف بن قزاوغلي التركي الشهير بسبط مطبعة مجلس دائرة المعارف العثمانية بحيدر اباد الدكن- الهند- ط/١- ١٩٥١- ١٩٥٢.

- المراة والنافذة- د. بشرى موسى صالح- دار الشؤون الثقافية العامة- بغداد- ط/١- ٢٠٠٠.

- المرشد الى فهم اشعار العرب وصناعتها- د. عبد الله الطيب المجذوب- مكتبة ومطبعة مصطفى البابي الحلبي واولاده- مصر- ط/١- ١٩٥٥.

- معايير تحليل الاسلوب- ميكائيل ريفاتير- ترجمة- د. حميد الحمداني- منشورات دراسات سال- الدار البيضاء- ط/١- ١٩٩٣.

- مفاتيح في اليات النقد الادبي- عبد السلام المسدي- دار الجنوب للنشر- تونس- ١٩٩٤.

- مفاهيم نقدية- رينيه ويليك- ترجمة- د. محمد عصفور- مطابع الرسالة- الكويت- ١٩٨٧.

- مفهوم الشعر دراسة في التراث النقدي- د. جابر احمد عصفور- المركز العربي للثقافة والعلوم- ١٩٨٢.

- مقالات في الاسلوبية- دراسة- د. منذر عياشي- منشورات اتحاد العرب- ط/١- ١٩٩٠.

- مقامات ابن الجوزي- ابن الجوزي- تحقيق- د. محمد نفش- دار فوزي للطباعة- القاهرة- ١٩٨٠.

- مناقب الامام احمد بن حنبل- ابن الجوزي- دار الافاق الجديدة- بيروت- ط/٢- ١٩٧٧.

- المنتظم في تاريخ الملوك والامم- الشيخ ابي الفرج عبد الرحمن بن علي ابن محمد بن علي بن الجوزي- مطبعة دائرة المعارف العثمانية بحيدر اباد الدكن- الهند- ١٣٥٨هـ

- منهج النقد الصوتي في تحليل الخطاب الشعري- الافاق النظرية وواقعية التطبيق- د. قاسم البريسم- دار الكنوز الادبية- ط/١- ٢٠٠٠.

- موسيقى الشعر- ابراهيم انيس- مكتبة الانجلو المصرية- ط/٣- ١٩٦٥.

- مؤلفات ابن الجوزي- عبد الحميد العلوجي- شركة دار الجمهورية للنشر والطبع- بغداد- ١٩٦٥.

- النجوم الزاهرة في ملوك مصر والقاهرة- ابن تغري بردى الاتابكي- مطبعة دار الكتب المصرية- القاهرة- ١٩٣٦.

- النزعة الكلامية في اسلوب الجاحظ- فيكتور شلحت اليسوعي- دار المعارف- مصر- ١٩٦٤.

- نظرية الادب- رينيه ويليك- اوستن وارين ترجمة- محي الدين صبحي- مراجعة- د. حسام الخطيب- مطبعة خالد الطرابيشي- ١٩٧٢.

- نقد الشعر- قدامة بن جعفر- تحقيق- كمال مصطفى- مطبعة السنة المحمدية- مصر- ط/١- د. ت.

- نقد النقد- رواية تعلم- ترفيتان تودوروف- ترجمة- د. سامي سويدان- مراجعة - د. ليليان سويدان- دار الشؤون الثقافية العامة- بغداد- د. ت.

- النقد والاسلوبية بين النظرية والتطبيق- دراسة- عدنان بن ذريل- منشورات اتحاد الكتاب العرب- ١٩٨٩.

- النقد والحداثة- د. عبد السلام المسدي- دار امية- دار العهد الجديدة- تونس- ط/٢- ١٩٨٩.

- وفيات الاعيان وانباء ابناء الزمان- لابي العباس شمس الدين احمد بن محمد بن ابي بكر بن خلكان- حققه وعلق حواشيه ووصنع فهارسه - محمد محي الدين عبد الحميد- مكتبة النهضة المصرية- القاهرة- ط/١- ١٩٤٨.

ب-الرسائل الجامعية:-

- البحث الدلالي عند ابن سينا- في ضوء علم اللغة الحديث (اللسانيات)- مشكور كاظم العوادي- رسالة ماجستير- اشراف د. محمد حسين ال ياسين- كلية الاداب / جامعة بغداد- ١٩٩٠.

- شعر البردوني- دراسة اسلوبية- سعيد سالم سعيد الجريري- رسالة ماجستير- اشراف - محمد سمر - كلية الاداب / الجامعة المستنصرية- ١٩٩٧.

- شعر عمر بن ابي ربيعة- دراسة اسلوبية- امل عبد الله سلمان داود السامرائي- رسالة دكتوراه- اشراف- د. احمد مطلوب- كلية الاداب / جامعة بغداد- ١٩٩٨.

- شعر محمود حسن اسماعيل- دراسة اسلوبية- عشتار داود محمد- رسالة ماجستير- اشراف- د. عبد الهادي خضير نيشان- كلية التربية للبنات / جامعة بغداد- ١٩٩٩.

- موسيقى القصيدة العربي المعاصرة (الحرة)- دراسة في الظواهر الفنية لجيلي الرواد وما بعد الرواد- محمد صابر عبيد- رسالة دكتوراه- اشراف- د. سالم الحمداني- كلية الاداب / جامعة الموصل- ١٩٩١.

ج.الدوريات

- الاستعارة التنافرية في نماذج من الشعر العربي الحديث -د. بسام قطوس وموسى ربابعة: مجلة مؤته للبحوث والدراسات ·جامعة مؤته - الاردن - المجلد - ٩ - العدد - ١ - نيسان - ١٩٩٤.

- الاسلوبية اللسانية - اولريش بيوشل - ترجمة - خالد محمود جمعة - مجلة نوافذ - السعودية - العدد - ١٣ - سبتمبر - ٢٠٠٠.

- الايقاع في الشعر العربي ميشيل الله ويردي - مجلة المقتطف - مصر - الجزء الخامس من المجلد الثامن عشر- بعد المائة - ١٩٥١.

- البنى الايقاعية في مجموعة محمود درويش (حصار لمدائح البحر) - بسام قطوس - مجلة ابحاث اليرموك - جامعة اليرموك - اربد - الاردن - مجلد - ٩ - العدد - ١- ١٩٩١.

- البنية التحتية بين عبد القاهر الجرجاني وتشومسكي - د. خليل عمايرة - مجلة الاقلام - بغداد - العدد -٩- ١٩٨٣.

- تبادل الضمائر وطاقته التعبيرية - د. محمد نديم خشفة - مجلة البيان الكويتية - العدد - ٢٩٢ - يوليو - تمـوز - ١٩٩٠.

- الدلالة في البنية العربية بين السياق اللفظي والسياق الحـالي - د. كاصد يـاسر الزيـدي - مجلـة اداب الرافدين - العدد - ٢٦ - ١٩٩٤.

- ظاهرة الايقاع في الخطاب الشعري - د. محمد فتوح احمد -مجلة البيان - الكويت - العدد - ٢٨٨ - مارس - اذار - ١٩٩٠.

- فكرة العدول في البحوث الاسلوبية المعاصرة - عبدالـلـه صولة - مجلة دراسات سيميائية ادبية لسانية - المغرب - العدد - ١ - ١٩٨٧.

- في قصيدة ابي تمـام البائيـة في فتح عموريـة - دراسـة في الموسيقى والايقـاع - د. ماجد الجعـافرة - مجلة اداب الرافدين - العدد - ٢٧ - ١٩٩٥.

- اللسانيات بين لغة الخطاب وخطاب الادب - د. عبد السلام المسدي = مجلة الاقلام - بغداد - العدد - ٩ - ١٩٨٣.

- اللفظ وعلاقته بالجرس الموسيقي - هند حسين طه - مجلة اداب المستنصرية - بغداد - العدد - ٢- السنة الثانية - ١٩٧٧.

- مجالس ابن الجوزي في بغداد واثارها الاجتماعية - د. حسن عيسى علي الحكيم - مجلة المورد - بغداد - المجلد - ٢٩ - العدد - ٤ - ٢٠٠١.

- المستدرك على ديوان الدوبيت - هلال ناجي - مجلـة الكتـاب - بغداد - العدد - ٧ - السنة الثامنـة - تمـوز - ١٩٧٤.

- موسيقى الادب - د. بدوي طبانة - مجلة الاقلام - بغداد - الجزء - ٩- السنة الاولى - ١٩٦٥.

- موسيقى الشعر - هل لها صلة بموضوعات الشعر واغراضه ؟ - احمد نصيف الجنابي - مجلة الاقلام - بغداد - الجزء - ٤- السنة الاولى - ١٩٦٤.

Printed in the United States
By Bookmasters